AF214917

www.tredition.de

TUEN MAGO

Der Himmel erst ist mein Limit

Ein autobiografischer Roman nach einer wahren Geschichte

www.tredition.de

© 2021 TUEN MAGO

Verlag   und   Druck:
tredition GmbH, Halenreie 40-44, 22359 Hamburg

ISBN
Paperback: 978-3-347-37425-6
Hardcover: 978-3-347-37426-3
e-Book: 978-3-347-37427-0

Dieses Buch widme ich

meiner lieben Mutter
meinem lieben Vater

Leider wurdet ihr uns viel zu früh genommen,
und doch habt ihr uns stark genug für das Leben gemacht.

Ich vermisse euch Beide sehr.
Ich denke jeden Tag an euch.
Ihr gebt mir immer noch die nötige Kraft.

Irgendwann werden wir uns wiedersehen, ganz bestimmt.
Nur jetzt noch nicht.

Hi ich bin's Tuen

möchte dir aus meinem Leben erzählen!
Bin kein Promi, bin kein berühmter Mensch und habe bis
dato ein recht normales Leben gelebt.
Oder vielleicht doch nicht?
War es gar nicht so normal? Was ist normal?
Lass dich überraschen. Eines kann ich dir versprechen, wenn
du die letzten Zeilen meines Buches gelesen hast, wirst du
denken:
Das kann doch alles gar nicht wahr sein, aber es ist wahr, dies
ist meine wahre Geschichte, nicht verschönert nicht drama-
tisiert.

Ich werde dir aus meinem Leben erzählen mit all seinen
Höhen und Tiefen.

Auf manche Abschnitte meines Lebens werde ich etwas
detaillierter eingehen. Es ist aber nicht möglich aus
jedem einzelnen Jahr komplett zu berichten.

Zum einen, weil es den Rahmen sprengen würde.
Zum anderen, weil ich auch nicht mehr alles weiß.

Meistens nutze ich Füllwörter wie Freund und Kumpel.
Manchmal muss ich aber, des Erlebnisses wegen, Namen
nennen.

Um die Privatsphäre jedes einzelnen zu schützen sind die
NAMEN FREI ERFUNDEN !!

Einige Jahre sind wie im Flug vorbei gegangen,
einige Jahre schienen kein Ende zu nehmen.

Im Verlaufe der einzelnen Jahre werde ich mehr ins Detail
gehen.

Dadurch, dass einige Ereignisse in meinem Leben Jahre ver-
schlingen, ist meine Geschichte nicht immer chronologisch
in der Reihenfolge darstellbar.

Das Leben schreibt seine Geschichten ohne Drehbuch und
ohne doppelten Boden.

Also dann, los geht's!

Meine Geburt

Ich wurde im August in ein glückliches Elternhaus hinein geboren, war der zweite Sohn der Familie. Meine Familie hatte
schon sehr früh ihren ersten Schicksalsschlag hinnehmen
müssen.

Die erstgeborene Tochter ist leider drei Tage nach einer
komplizierten Geburt verstorben.

Wer weiß, vielleicht würde es mich ohne diese Tragödie gar
nicht geben?

Vielleicht wollten meine Eltern immer nur zwei Kinder?
Jetzt bin ich ja da, und kann Dich auf meine Reise in die Vergangenheit mitnehmen.

An meine Geburt kann ich mich natürlich nicht erinnern,
kann nur das weitergeben, was meine Eltern mir erzählt haben.

Ich war auch eine komplizierte Geburt. Wer hätte das gedacht, wo ich doch eigentlich ein unkomplizierter Mensch
bin. Alleine hatte ich wohl an diesem denkwürdigen Tag
noch nicht den Drang auf die Welt zu kommen. Ich wurde
mit Hilfe einer so genannten „Saugglocke" regelrecht ins Leben gezogen.

Die Saugglocke wird in der Regel so auf dem Kopf platziert,
dass dem Kind nichts passieren kann. Es bildet sich ein Va-
kuum, und die Geburt wird somit unterstützt. Das Kind wird
mit dieser Unterstützung schneller geboren. Die Saugglocke
wird immer dann eingesetzt, wenn die Mutter es nicht alleine
schafft. So auch bei meiner Geburt.

Die Arzthelferin oder Hebamme, man weiß es nicht so genau, hatte die Saugglocke falsch angesetzt.
Mir wurde dadurch bei der Geburt beinahe das linke Augen-
licht genommen.

In den ersten Jahren meines Lebens musste ich mehrmals am linken Auge operiert werden. Jahrelang war die Sehschule die erste Schule die ich kannte. Nach den Operationen musste ich immer ein bis zwei Wochen im Krankenhaus bleiben. Anschließend, wochenlang mindestens einmal in der Woche, zur Sehschule. Irgendwann konnte ich auch einigermaßen mit dem linken Auge sehen. Das linke Brillenglas glich früher einem „Colaflaschen Boden", mittlerweile ist auch die „Brillenglas Technik" so weit, dass selbst die stärkeren Gläser normal aussehen.

Die volle Sehkraft allerdings würde ich nie erreichen.
Das linke Auge ist schon sehr beeinträchtigt; kann ja mal vorkommen so eine Geburt, fängt ja mal gut an, der Start ins Leben.
War das die erste Prüfung?

Es sollten in den nächsten Jahren noch einige folgen.

Aufgewachsen bin ich in einem kleinen Dorf mit rund 800 Einwohnern nahe der niederländischen Grenze. Ein typisches Dorf zu dieser Zeit, meine Oma hatte einen kleinen „Tante-Emma-Laden" und es gab einen kleinen „Supermarkt". Für die Wochenendeinkäufe fuhren wir in die nächst gelegene größere Stadt in ca. zehn Kilometern Entfernung. Eine kleine Feuerwehrstation und eine Kirche gab es ebenfalls im Dorf, die „Dorfjugend" traf sich in der alten Schule. Durch die verschiedenen Vereine, und den damit verbundenen Veranstaltungen, war im Dorf immer was los.

Mein Bruder und ich, wir hatten eine unbeschwerte Kindheit. Unsere Eltern haben alles Schlechte von uns ferngehalten. Es fehlte uns an nichts.

Jedes Jahr fuhren wir gemeinsam in den Urlaub, in der Regel ins Bergische Land nach Bayern oder Österreich. Es wurde viel gewandert, und wir haben so manche Tour hoch in die Berge zu den Berghütten unternommen.

Mein Bruder und ich sammelten in den Urlauben immer fleißig Plaketten für unsere Wanderstöcke. Die von uns erklommenen Berghütten sind kaum zählbar, es waren in den Jahren einige, manchmal lagen diese so hoch im Berg, dass wir durch Schneefelder mussten um diese zu erreichen. Wir sind auch einige Jahre mit dem Verein ins Jugendzeltlager gefahren.

Ich war 7 oder 8 Jahre jung. Genau weiß ich es nicht mehr und mit meiner Mutter beim Frisör.

Meine Mutter kannte den Frisör sehr gut. Jupp machte dem Klischee des Frisörs alle Ehre. Es wurde gequatscht was die Wände aushielten.

Abgelenkt von dem Gequatsche, und zack schnitt mir der Frisör in mein linkes Ohr. Die Aufregung war groß. Das Blut schoss im Bogen aus meinem Ohr. Meine Mutter drückte es

instinktiv mit einem Taschentuch ab. Der Frisör Jupp
brachte uns sofort ins Krankenhaus.
Der Schnitt wurde mit drei Stichen genäht. Diese Narbe ist
noch heute zu sehen.

Jahre später, mit 18 Jahren, wie es das Schicksal wollte, wurde
ich Frisörmodell bei der Meisterprüfung zum Herrenfrisör in
den Niederlanden. In den Niederlanden gibt es für Herren
und Damen jeweils eine Prüfung zum Frisörmeister.
   Die Tante meiner damaligen Freundin suchte für Ihre Prüfung noch ein Modell für den Kurzhaarschnitt. Was sollte
schon passieren, ich hatte ja noch beide Ohren. Ich sagte zu.
Meine Haare musste ich damals fast ein Jahr wachsen lassen.
Die Prüfung wurde ohne besondere Vorkommnisse bestanden, und somit hatte es sich gelohnt die Haare wachsen zu
lassen.

                Übrigens: Ich habe immer noch beide Ohren.

Ungefähr zur gleichen Zeit, im Alter von 7 oder 8 Jahren, trat
ich auch ins örtliche Vereinsleben ein. Das Trommlerkorps
sollte es sein, ich wurde mit meinem Bruder und noch weiteren Einsteigern an der Querflöte ausgebildet. Es war für mich
eine harte Schule. Noten lernen stand auf dem Programm.
Die Musikstücke mussten alle auswendig gelernt werden.
Flöte spielen war nicht unbedingt das was ich wollte, ich
wollte lieber Trommler werden!
   Nur war ich nach Meinung einiger Mitglieder des Vereins
und nach Meinung meines Vaters, der auch Trommler war,
noch zu klein um die doch recht schwere Trommel bei den
Aufzügen durch die Dörfer zu tragen. Also blieb ich bei der
Querflöte.

Im Alter von 12 Jahren wechselte ich dann zur Trommel. Der Übungsleiter stellte schnell fest, dass ich ein begnadeter Trommler war.

So durfte ich mit 13 Jahren schon in der Kirche zur Christmette zusammen mit einem Erwachsenen mehrere Trommler-Stücke aufführen, unter anderem „Der kleine Trommler".

Das Trommeln habe ich nie ganz aufgegeben aber auch nicht professionell verfolgt. Mein Traum war es immer in einer Trommelband zu spielen. Immerhin spielte ich dann in einer Playback-Coverband den Schlagzeuger. Wir traten aus Spaß bei dem ein oder anderen Geburtstag auf. Na ja, sag niemals nie, vielleicht kommt meine Trommlerzeit noch.

Wie sich herausstellte, wurde ich nach Meinung einiger Menschen mit einem gewissen Talent fürs Fußballspielen geboren. Ich stand dadurch schon früh in jungen Jahren beim Fußballverein im Mittelpunkt. Schaffte es durch mein Talent und meinen Trainingsfleiß im Alter von neun Jahren in die Kreisauswahl. Vier Jahre später sogar in die Mittelrheinauswahl. Bin damit bis dato einer der wenigen aus meinem Heimatdorf, die es in diese Auswahl geschafft haben.

Mit den Auswahlmannschaften war ich auf vielen Turnieren in einigen Sportschulen im ganzen Land unterwegs. Ich durfte mit Fußballlegenden wie Overath, Grabowski und Netzer trainieren. Bei den jährlichen Mittelrheinmeisterschaften hatte es unser kleiner Landkreis schwer. In einem

Jahr schafften wir es aber auf den dritten Platz. Das Spiel um den dritten Platz ging nach einem 2:2 unentschieden in die Verlängerung.

Dies reichte aber noch nicht für eine Entscheidung aus, somit musste das Spiel durch ein Elfmeterschießen entschieden werden. Es wurden fünf Schützen pro Mannschaft bestimmt. Sollte nach den ersten fünf Schützen pro Mannschaft immer noch keine Entscheidung vorliegen, ging es nach dem KO-System weiter. Das heißt, der erste Schütze der verschießt, dessen Mannschaft verliert das Spiel. Den letzten Elfmeter der ersten fünf Schützen für meine Mannschaft musste ich schießen.
Mein Vorgänger der gegnerischen Mannschaft hatte verschossen, ich musste also nur noch treffen, und wir hatten den dritten Platz gewonnen.

Und ich traf!

Die Zeit in den verschiedenen Auswahlmannschaften war eine tolle Erfahrung in jungen Jahren, aus der ich viel gelernt habe über Teamgeist, Zusammenhalt und Respekt.

Als ich sechzehn war, schaffte mein Heimatverein den Aufstieg in die Landesliga, damals die fünf höchste Liga im deutschen Fußball. Mit 16 Jahren wurde ich, als einer der wenigen Jungs im Mittelrhein, über einen Antrag meines Vereins beim DFB, und somit über eine Sondergenehmigung, spielberechtigt für die Seniorenmannschaft gemacht. Ich durfte dann tatsächlich ein paarmal in der 1. Mannschaft mitkicken.
Zweimal für zwei Jahre konnten wir uns in der Landesliga halten, aber dies werde ich im weiteren Verlauf noch etwas genauer erzählen.

In dieser Zeit spielte ich auch in der A-Jugendmannschaft des Vereins, der Kreisauswahl und der Mittelrheinauswahl Fußball.

In einem meiner letzten A-Jugendspiele passierte es dann. Bei einem Eckball sprang ich zum Kopfball hoch, muss dazu sagen, ich war kein großer Kopfballspieler.

Im Luftkampf um den Ball stieß ich mit einem Gegenspieler zusammen und kam unsanft auf dem Boden auf. Den Gegenspieler traf keine Schuld, dies nur zur Klarstellung.

Ich konnte mich von der einen auf die andere Sekunde nicht mehr bewegen und hatte starke Schmerzen im unteren Rücken. Es ging nichts mehr, der Krankenwagen kam und brachte mich ins Krankenhaus.

Es sollte nicht das letzte Mal im Krankenwagen sein.

Ich wurde in verschiedenen Positionen geröntgt und man machte Mobilisations-Tests mit mir.

Nach den Untersuchungen stellte man fest, dass ich wohl von Geburt an ein „Wirbelgleiten" habe. Durch das viele Training: Fußball, Tennis, Kampfsport und Fitness, blieb dies bis zu diesem Moment verborgen.

In meiner Lendenwirbelsäule fehlt bei zwei Wirbeln die direkte Verbindung zu den anderen Wirbeln, somit haben die Wirbel zu viel „Spiel" und können gleiten. Als positiv empfand ich damals die Tatsache, dass ich wegen dieser „Krankheit" nicht zur Bundeswehr eingezogen wurde. Musste aber bei der Musterung erneut geröntgt werden. Mit dem Ergebnis, dass ich ausgemustert wurde.

T5 war mein Status. Laut der Einschätzung der Ärzte, die mich untersuchten, hätte ich maximal Musiker werden können. Welche Ironie.

Nach der Rehabilitation, und bis heute, hatte ich nie wieder einen solchen Zwischenfall. Durch Bauchmuskel- und Rückentraining habe ich dies bis dato sehr gut im Griff.

Durch die aktive Zeit im Trommlerkorps war ich immer bei den Dorfveranstaltungen dabei.

Im Alter von 16 Jahren konnte ich mir einen weiteren Traum erfüllen.

Einmal im Leben Prinz zu sein.

Wer träumt als kleiner Junge nicht davon?

Ich nahm am örtlichen Vogelschuss teil. Vogelschuss ist einmal im Jahr. Bei dieser Veranstaltung wird der neue Schützenkönig und der neue Schützenprinz für das nächste Jahr durch einen, sagen wir Schießwettbewerb, ermittelt. Geschossen wird auf einen Holzvogel, der auf einer fünf Meter hohen in den Himmel ragenden Stange am oberen Ende montiert ist.

Der Schütze, der es schafft den Vogel herunter zu schießen, ist der neue Schützenkönig. Es wird solange geschossen, bis der Vogel von der Stange fällt.

Nachdem der König feststeht, wird in gleicher Art und Weise der neue Prinz ermittelt.

-- Peng –

und ich war der neue Schützenprinz im Dorf.

Als Prinz tritt man bei verschiedenen Veranstaltungen und Kirmesumzügen in der Region auf. Natürlich hatte ich auch eine Prinzessin an meiner Seite.

Zur Dorfkirmes, eine findet im Frühjahr und eine im Herbst statt, wurde immer der Hauseingang meines Elternhauses von der Nachbarschaft geschmückt. Wie es sich für einen Prinzen gebührt, wurde ein großer Bogen aus grünen Tannen aufgebaut und mit Rosen verziert. Die Rosen wurden von den Nachbarsfrauen mit der Hand geflochten. Dies kennt sicherlich der ein oder andere von den Maiherzen.

Die Höhepunkte für Prinzenpaare waren zweifelsfrei die Kirmesveranstaltungen.

Kirmesveranstaltung, da war doch noch was; darauf kommen wir später noch an anderer Stelle zurück.

Meine Prinzessin und ich saßen beim Königsball der Kirmes am Königstisch und feierten mit der Dorfgemeinschaft zwei tolle Feste. Königspaar und Prinzenpaar wurden zum Königsball vom Trommlerkorps abgeholt und ins Zelt gebracht. Nachdem das Königspaar und das Gefolge am Königstisch Platz genommen hatten, wurde der Königsball eröffnet.

König und Königin tanzten den Königswalzer, zuerst kommen dann Prinz und Prinzessin dazu und anschließend alle anderen Gäste.

Ich musste im Vorfeld erstmal tanzen lernen, dies klappte so gut, dass man mich später den „Eintänzer" nannte.

Es war ein schönes Jahr, ich im schicken Anzug und meine Prinzessin in einem bezaubernden Ballkleid.

1986 – Führerscheine

Es folgte bei mir, nach dem achtziger Mopedführerschein, den ich zwei Jahre zuvor bestanden hatte, der Auto- und Motorradführerschein. Wir Dorfkinder haben das Autofahren auf Feldwegen gelernt. Als mein Vater meinem Bruder das Autofahren beigebracht hat, durfte ich im Alter von sechzehn Jahren auch schon mal fahren.

So war das früher. Mein Fahrlehrer sagte bei der ersten Fahrstunde: „Ich sehe, dein Vater hat den gleichen Wagen, dann brauche ich dir ja nicht viel zu erklären".

Das Motoradfahren war auch kein Problem, ich bin ja zwei Jahre lang Moped gefahren. Wir haben zwei schöne Motorradtouren gemacht, ein bisschen Stadtverkehr in der kaiserlichen Domstadt und dann durfte ich zur Prüfung. Mit der mindest geforderten Anzahl an Fahrstunden konnte ich beide Führerscheine; Auto und Motorrad, im ersten Durchgang bestehen.

Der Beginn einer langen Freundschaft

Schnell habe ich, durch die vielen Vereine, in denen ich aktiv war, Freunde gefunden. Meine jetzige Clique hat sich im Laufe der Schulzeit gebildet. Wir waren zwar nicht alle auf der gleichen Schule aber egal, wir waren die Clique, und sind es bis heute. Meinen besten Freund lernte ich durch einen Freund aus meinem Dorf kennen. An einem Tag fuhren wir zu Peter, mein Freund Karl und ich. Peter ließ Karl in der Einfahrt des elterlichen Hauses mit seinem Mofa fahren. Karl konnte es nicht wirklich, er drehte auf und fuhr das Mofa fast ungebremst ins Garagentor. Das Tor war ziemlich verbeult, und auch das Mofa hatte gut was abbekommen.

Es entwickelte sich eine sehr enge Freundschaft zwischen uns, wir haben damals sehr viel gemeinsam unternommen.

Mit unseren damaligen Freundinnen sind wir zusammen nach Holland ans Meer gefahren. Es war ein sehr schönes Wochenende an der holländischen Nordseeküste.

Peter wurde bei meiner Hochzeit mein Trauzeuge, und zwei Jahre später auch der Taufpate unseres Sohnes

Wir 9 Jungs der Clique sind vor zwei Jahren allesamt innerhalb von 12 Monaten 50 geworden.

Es wurde neun Mal die 50 ausgiebig gefeiert. Wir halten wie früher zusammen, daran hat sich nichts geändert und ich hoffe, daran wird sich auch in Zukunft nichts ändern. Da wir zu dritt den gleichen Vornamen haben, sprechen wir uns immer alle mit Spitznamen an. Selbst die Kinder meiner Kumpel sprechen mich mit meinem Spitznamen Tuen an.

In jungen Jahren waren wir an den Sonntagen, in der Regel jeden Sonntag, mit unseren Mofas und später mit unseren Mopeds im Jugendtreff des Dorfes.

Wir sind auch manchmal zu anderen Jugendheimen gefahren. Als wir Jungs Richtung des 18. Lebensjahres gingen, gab es eine Disco ein paar Dörfer weiter.

„Für die jüngeren Leserinnen und Leser:
Club's, hießen früher Disco's".

Diese Disco wurde unser zweites Zuhause. Direkt neben der Disco war eine Kneipe. Freitagabend war unser Abend. Erst wurde in der Kneipe genagelt, und gegen Mitternacht ging es rüber zur Disco. Mehr als zählbar sind wir aber auch in der Kneipe versackt.

Das Nageln war zu dieser Zeit ein sehr beliebtes Trinkspiel. Jeder bekommt einen 10 cm langen Nagel. Die Nägel werden rundum mit einem Hammer in einen Baumstumpf geschlagen, immer der Reihe nach. Auf welchen Nagel man schlägt, entscheidet man selber aus taktischen Gründen. Wer den ersten Nagel versengte bestellte die Runde, wer den letzten Nagel versengte, also der Verlierer, zahlte die Runde. Es war die eine oder andere feuchtfröhliche Nacht.

Genau zu dieser Zeit machte ich nebenher auf der Abendschule meinen Techniker für Elektrotechnik.

Das Problem, am Samstag sechs Stunden Schule. Die Schule musste an so manchem Samstag ohne mich zurechtkommen. Es war eine intensive Zeit. Dienstags und donnerstags fuhren wir immer morgens zu zweit. Ein Arbeitskollege ging zur selben Schule. An diesen Tagen fuhren wir gemeinsam gegen 5 Uhr 30 in der Frühe los. Erst in die Domstadt am Rhein zur Arbeit. Nach Feierabend ging es direkt weiter in die nächste Domstadt, zur Schule. Schulschluss 21:30 Uhr. Am nächsten Morgen wieder um 5:30 Uhr zur Arbeit an den Rhein, und so weiter und so weiter. Nach gut zwei Jahren war die Luft raus, ich hatte keine Lust mehr und brach den Techniker ab.

Irgendwann in dieser Zeit eröffnete ein paar Dörfer weiter eine neue Disco. Strenger Einlass ab achtzehn. Es wurde unsere neue Stammdisco. Samstags ging es regelmäßig in diese Lokalität.

Vor der Disco gab es ein Bistro, hier wurde vorgeglüht. Nach Mitternacht ging dann die Party in der Disco los. Wir machten so viel Stimmung im Laden, dass der DJ uns nach einiger Zeit jeden Samstag persönlich begrüßte. Er legte extra für uns Musik auf.

Es wurden viele ausgedehnte Nächte gefeiert.

Wir Jungs unternahmen auch in der ein oder anderen Konstellation einige Urlaube zusammen.

Spanien-Llorret de Mar,

Im Herbst ging es mit dem Bus ins spanische Lloret de Mar. Sicherlich zu dieser Zeit einer der angesagtesten Partyorte des Landes. Wir waren zu dritt unterwegs. Während der Busfahrt wurde schon gut gefeiert, und wir lernten auch schon einige Mädels kennen.

Sonne Strand und Meer, was gibt es Schöneres. Vierzehn Tage power Partyprogramm.

Mike Tyson verteidigte in diesem Jahr seinen Box-WM-Titel im Schwergewicht. Wir konnten dieses Spektakel auf riesigen Leinwänden in einer Mega-Disco verfolgen.

Nachts feiern, tagsüber schlafen am Strand.

Es waren vierzehn schöne Tage in Spanien, aus einigen Bekanntschaften wurden Freunde, andere Bekanntschaften verliefen im Sand.

Italien-Venedig;

Zu viert mit den damaligen Freundinnen ging es nach Italien.
Unter anderem sind wir mit einer Jacht vom Urlaubsort übers Mittelmeer nach Venedig geschippert.

In Venedig gibt es einiges zu sehen. Die Seufzerbrücke, die für die verurteilten Straftäter vom Gericht direkt ins Gefängnis führt. Hier sollen, der Legende nach, die Verurteilten zum letzten Mal mit einem Seufzer in die Freiheit geschaut haben. Dies hat dann zur Namensgebung der Brücke geführt.

Die Rialto-Brücke, der Markusplatz mit seinem Dom, und vieles mehr gab es zu bewundern.

Italien, das Land der Legenden. Eine Legende besagt:
Wer mit seinem Partner durch die beiden Löwenstatuen auf dem Markusplatz geht, bleibt nicht zusammen. Siehe da, nach und nach haben wir uns alle von unseren damaligen Partnerinnen getrennt. Ob es tatsächlich an diesem einen Tag in Venedig gelegen hat, ich wage es zu bezweifeln.
Trotzdem war es ein schöner Urlaub in Italien.

Niederlande-Ijsselmeer,

Mit fast der ganzen Clique fuhren wir zu einem „Segel Törn"
auf dem niederländischen Ijsselmeer. Darauf muß ich etwas
näher eingehen.

Wir hatten über eine Agentur eine Woche Ijsselmeer gebucht auf einem, sagen wir, Segelschiff - die Seemöve. Der
Kapitän der Seemöve sollte vor Ort sein. Wir sind mit zwei
VW-Bullis nach Holland zum Ijsselmeer gestartet, wenn ich
mich recht erinnere Freitag, früher Nachmittag.

In Holland am Ijsselmeer angekommen mussten wir erst
einmal unser Schiff suchen. Das Schiff haben wir recht
schnell gefunden.

Nun fehlte nur noch der Kapitän. Zu zweit zogen wir los ins
kleine Hafenstädtchen um bei der Agentur, über die wir diesen Trip gebucht hatten, nachzufragen, wo wir unseren Kapitän finden könnten, doch die hatte schon geschlossen. Wir
haben dann auf der Promenade einige Leute gefragt. Vielleicht kannte ja jemand den Kapitän der Seemöve?

Irgendwann sagte eine junge Frau: „Gehen Sie mal dahinten
in die Kneipe, dort ist er normalerweise immer zu finden".

Gesagt getan, wir sind rein in diese Kneipe. Tatsächlich unser Kapitän war in der Kneipe.

Er saß volltrunken an der Theke, nachmittags um 17 Uhr. Er hatte wohl irgendwie vergessen, dass er noch einen Segel-Törn mit uns hatte. Er hat sein Glas geleert und ist mit uns zusammen zum Schiff gekommen. Aufgrund der Verspätung sind wir an diesem Abend zwar noch vom Bootsanlegeplatz weggekommen, aber die Fahrt war schnell vorbei.

Die Schleuse der Autobahnbrücke wurde an dieser Stelle des Zubringerflusses nur zweimal täglich geöffnet, den Zeitpunkt hatten wir nun leider verpasst. Unseren ersten Abend der Tour verbrachten wir dadurch irgendwo am Zubringerfluss des Ijsselmeeres im festgetauten Boot. Die nachfolgenden Tage waren dann doch sehr schön, eine tolle Zeit auf dem Ijsselmerr.

Die Fußball Weltmeisterschaft war in vollem Gange, und wir haben in einem Hafen zusammen mit anderen Fußball-Fans in einer Kneipe das Spiel: Holland - Brasilien geschaut. Einer meiner Kumpels meinte spät abends nach dem Spiel. Kommt wir machen noch ne kleine Bootstour ohne unseren Kapitän. Wir sind alle aufs Boot geklettert. Da die Boote alle aneinander getaut waren, mussten wir erst einmal einige Boote losmachen, um unser Boot frei zu bekommen. Gott sei Dank haben wir das Boot nicht richtig lösen können und Gott sei Dank sprang der Motor nicht an. Es wäre wohl sonst eine kleine bis mittelschwere Katastrophe geworden. Der Hafen lag voll mit Schiffen, Booten und Jachten.

Auch in den folgenden Jahren waren wir mehrmals mit unserer Clique unterwegs.

Da gab es die tollsten Ideen, eine zum Beispiel:

Wir radeln mit den Fahrrädern zu dem bekanntesten Stausee der Region. Sind ja nur 100 km. Wir waren zu dieser Zeit alle sehr geübte Fahrradfahrer, ha, ha. Schnapsidee!

Einmal in den Kopf gesetzt, wurde die Tour geplant. Wir haben sie tatsächlich in die Tat umgesetzt. Mit einem Kumpel zusammen fuhr ich den Mannschafts- bzw. Verpflegungsbus, vollgepackt mit allem was man für einen Wochenendtrip zum Zelten braucht.

Der Rest der Clique ist mit den Rädern gefahren. Es war recht anstrengend, wie man uns später erzählte. Wir Beide sind vorgefahren, haben die Zelte, soweit dies ging, aufgebaut und uns schon mal ein Bierchen gegönnt. Nachmittags waren dann alle oben am Stausee vor Ort angekommen.

Was macht man nach einer anstrengenden Fahrradtour? Genau, entspannen und ein kühles Blondes genießen.

Nacheinander sind wir in die nächste Kneipe um uns ein - zwei Bierchen zu gönnen, bevor wir uns auf dem Zeltplatz etwas zum Abendessen machen wollten. Es dauerte nicht lange und wir waren vollzählig in der Kneipe versammelt.

-- **Barney Stinson**, aus How I Met Your Mother,
würde sagen: „Der Abend war legendär". --

Zum Schluss hatten wir die Kneipe komplett in unserer Hand, Peter hat kassiert, ein anderer Kumpel hat den DJ Part übernommen und wir haben die Bude auf den Kopf gestellt. Es war ein richtig geiler Start ins Wochenende. Auf dem Weg zu unseren Zelten hat einer unserer Jungs, normalerweise einer der ruhigsten der Clique, angefangen die bunten Glühbirnen der draußen hängenden Lichterketten heraus zu schrauben.

Die Glühbirnen warf er an die Hauswand gegenüber. Die bunten Glühbirnen platzten nacheinander an der Wand in tausende Teile. Würde sagen es hat drei oder vier Glühbirnen gedauert, und wir haben alle fleißig mitgemacht, bis keine einzige Glühbirne mehr in der Lichterkette war. Gott sei Dank wurden wir diesbezüglich von keiner Seite belangt.

Ohne Zweifel eines der legendärsten Wochenenden!

Österreich-Going am Wilden Kaiser, Skifahren.

In diesem gebuchten Hotel war ich mit meiner Familie als Elfjähriger im Sommerurlaub. In dem wir erst einmal keine Besonderheiten hatten. Es lagen zwei sehr schöne Sommerwochen hinter uns. Es wurde viel gewandert, wir haben einige interessante Touren zu verschiedenen Berghütten gemacht. Einen Tag vor Ende des Urlaubs wurde ich abends krank. Keuchhusten mit Bronchitis, es ging so schnell schlecht mit mir, dass ich zunächst für die Fahrt ins Krankenhaus nicht stabilisiert werden konnte. Meine Eltern mussten mit dem schlimmsten rechnen. Der Dorfpfarrer wurde verständigt, für den Fall der Fälle. Der Notarzt mixte einen Medikamenten-Cocktail, dieser Cocktail und die zusätzliche Beatmung mit einem Schlauch durch meine Nase brachten dann irgendwann tief in der Nacht die Besserung. Ich konnte mit dem Krankenwagen ins Krankenhaus gebracht werden. Es waren zwei schlimme Tage für meine Eltern. Selbst habe ich nur noch sehr verschwommene Erinnerungen an diese dramatischen Tage in Österreich.

Nun zurück zur *Ski Tour,*

Skifahren war nie meine Spezialität, aber nichts desto trotz sind wir mit fast der ganzen Clique im Zug in den Skiurlaub gefahren. Mit dem Zug nach Österreich zum Skifahren ist mit dem ganzen Gepäck keine leichte Aufgabe. Gefühlte hundert Mal umsteigen. Einige von uns waren „Profis" und schon mehrmals im Skiurlaub gewesen. Die anderen waren blutige Anfänger wie ich. Wie heißt es so schön, die Mischung macht es.

Die Anfänger mussten zuerst zur Skischule; Flug usw. üben. So richtig Spaß gemacht hat es mir vom ersten Tag an nicht wirklich, aber ich habe mitgemacht.

Am dritten Tag hatte ich dann beim Versuch einer Abfahrt einen spektakulären Unfall. Habe mir mein rechtes Knie übelst verdreht.

Da war es vorbei mit der neuen großen Hoffnung des Wintersports. Die Skilaufkarriere war zu Ende, bevor sie angefangen hatte. Den Rest der Woche habe ich ohne Skier verbracht, das war auch okay, und trotzdem war es mal wieder eine tolle Woche mit der Clique.

Nun ein etwas anderes Thema – Schule, Beruf.

Ich habe die Realschule besucht. Da ich die Schule so toll fand, habe ich die achte Klasse direkt zweimal gemacht. Wer weiß wofür es gut war? So habe ich viele neue Freunde kennen gelernt.

Mit unserer Schul-Clique aus meiner „zweiten" achten Klasse treffen wir uns heute noch in recht regelmäßigen Abständen. Wir sind zwei Jungs und vier Mädels, wir haben auch unsere Klassentreffen organisiert. Da wir uns im Alltag eher selten über den Weg laufen, gibt es immer einiges bei unseren Treffen zu erzählen. Es sind immer schöne und lustige Abende, oft schweifen wir auch in die Vergangenheit ab.

Mit meinem Freund Klaus aus der „zweiten" achten Klasse habe ich zusammen zum Ende der Schulzeit einen Trip in seine Heimat Bayern gemacht. In Bayern besuchten wir seine „alten" Kumpels. Eine Grillparty am Samstagabend ist dann ausgeartet. Bayrisches Bier, einige bayrische Schnäpse und die Party nahm ihren Lauf.

Party - Extrem.

Auf dem Heimweg zum Campingzelt dieses geilen Abends, haben wir an die parkenden Autos gepinkelt.

War nicht lustig, aber funny.

Es war eine wirklich tolle Zeit in Bayern. Habt ihr schon mal im Wald gezeltet? Kein fließendes Wasser, keine Toilette. Ein Erlebnis.

Morgens sind wir in der Regel ins städtische Schwimmbad, erstmal duschen und zur Toilette.

An manchen Tagen haben wir auch einfach ein Loch im Wald gegraben und unser Geschäft darin verrichtet.

Abenteuer lag in der Luft

Mein früher Kindheitstraum war es, Autoschlosser zu werden. Der Traum zerplatzte mit meinem Praktikum in der zehnten Klasse. Denn bei diesem Praktikum habe ich gemerkt, dass dies nicht mein Traumberuf ist.

Meine Autos habe ich trotzdem getunt und umgebaut. Als Autofreak in meiner Jugend gab es zwei Modelle, die sehr interessant waren. GTI und GSE, die Kenner wissen wovon ich spreche.

Der Eine kommt aus Wolfsburg, der Andere aus Rüsselsheim. Mitte der 80ziger Jahre war es das Duell in der Autoscene. Meinen ersten Golf GTI habe ich recht günstig erstanden. Der Wagen war leider nicht gut in Schuss, aber genau richtig für mich. Ich habe den Wagen von den unnötigen Tuningteilen befreit. Anschließend komplett neu lackiert. Ich konnte über einen Freund einen Farbton von Mercedes besorgen, anthrazit-grau-metallic.

Der Golf sah mit der neuen Lackierung wieder richtig gut aus. Eine Metallicfarbe, die sonst keiner mit diesem Wagentyp fuhr. Um mir den ganzen unnötigen Kram, wie mein Vater es gerne zu sagen pflegte, leisten zu können, ging ich Samstagsmorgens schon im Alter von sechzehn Jahren bei einem Busunternehmen Busse putzen.

Morgens gegen fünf klingelte der Wecker, ab auf meine Suzuki zur Arbeit. Die Busse mussten alle, es waren neun an der Zahl, komplett von innen gereinigt werden. Staubsaugen, Fensterputzen und Aschenbecher leeren. Unvorstellbar, früher durfte man in den Bussen noch rauchen.
Nach rund fünf Stunden stand die Busflotte wieder wie neu auf dem Hof. Manchmal mussten die Busse auf dem riesigen Gelände der Firma umgeparkt werden.

Der Chef der Firma war samstags immer im Büro. Falls einer der Busse umgeparkt werden musste, rief ich den Chef, damit er den Bus umparkte. Eines Tages fragte er:

„Bist du schon mal Auto gefahren"? Ich antwortete:

„Ja, mit meinem Vater, der hat mich, als er meinem Bruder das Fahren beigebracht hat, auch öfter fahren lassen". Der Chef meinte: „Willst du mal probieren?" Verdutzt fragte ich: „Den Bus fahren?" Ja, meinte er und ließ mich ans Steuer. Er erklärte mir wie alles funktioniert. Es war gar nicht so einfach, zwischen einem PKW und einem Bus liegen Welten, erst recht, wenn man noch keinerlei Erfahrung hat.

Meine Liebe zu schnellen Autos begann früh und ist bis heute geblieben.

Nach der Schulzeit kam erst der Klassiker. Eine Ausbildung zum Fernmeldehandwerker bei einem großen deutschen Kommunikationsunternehmen, drei Jahre lang mit zwanzig anderen Azubis in der kaiserlichen Domstadt. Hier wurde es nie langweilig. Es wurde einiges an Blödsinn gemacht. Ein Kollege wurde z.B. mit Kabelbinder im Zug festgebunden. Kurz bevor der Fahrkartenkontrolleur kam, steckten wir ihm seine Fahrkarte in den Mund. Alleine der Blick des Kontrolleurs war es diesen Spaß wert.

Ab und zu wurde auch schon mal ein Kollege ins Spint gesperrt, oder im Waschraum in eines der riesigen Waschbecken gelegt, natürlich mit Kleidung, das versteht sich von selbst. Alles aus Spaß.

Wir waren eine wilde Truppe, bestehend aus 19 Jungs und einem Mädel. Wir verstanden uns sehr gut untereinander. Es entstanden Freundschaften, die ich bis dato pflege. Mit zwei Kollegen bin ich in dieser Zeit zwei Mal in der Woche direkt nach der Arbeit zum Kampfsporttraining nach Holland gefahren.

Wir sind auch eine Zeitlang zu dritt abends durch die Kneipen der Kaiserlichen Domstadt gezogen und haben uns im Armdrücken mit anderen Jungs gemessen. Es ging in der Regel um ein paar Drinks, und es war sportlich.

Zweimal fuhren wir gemeinsam zur Annakirmes einer Stadt in der Nähe. Unser Ziel die Boxarena. Ich glaube heute gibt es das nicht mehr. Früher konnte man, wenn man sich traute, auf der Kirmes boxen. Zuerst wurden die Boxer des Schaustellers auf einer Bühne vor dem Zelt dem Publikum präsentiert. Wer Lust hatte und keine Angst konnte es versuchen. Je nach Gewichtsklasse wurden die Gegner zusammengestellt.

In der Regel waren die Jungs, die sich trauten, schon leicht angetrunken. Die „Profis" vom Veranstalter hatten somit oft leichtes Spiel. Nachdem alle „Paarungen" feststanden, ging es in die Arena.

Die Zuschauer kauften ein Ticket, und nach einer kurzen Aufwärmphase ging es los. Geboxt wurden drei Runden a zwei Minuten. Für jemanden, der dies noch nie gemacht hat, ist es eine sehr lange Zeit.

Beim ersten Mal habe ich ordentlich einstecken müssen und alle drei Runden verloren. Beim zweiten Versuch, ein halbes Jahr später, konnte ich immerhin eine Runde für mich entscheiden. Die Jungs machen das regelmäßig, das ist ihr Beruf, dementsprechend sind sie schon gut im Ring.

Eine Erfahrung mehr im Leben.

Man sollte aus jeder Erfahrung, die man im Leben macht, etwas mitnehmen. Selbst, wenn es augenscheinlich nur ein blaues Auge ist.

Nach der Ausbildung wurde ich in die Domstadt am Rhein versetzt, fand dies aber zuerst nicht so toll. Jeden Tag knapp einhundert Kilometer zur Arbeit und zurück.

Meine Oma pflegte immer zu sagen: „Alles hat seine Zeit, und alles hat im Leben seine Berechtigung".

Meine Oma sollte wie immer recht behalten.

Im Nachhinein war es einer der entscheidenden Schritte in meinem Leben.

Durch diesen Wechsel der Arbeitsstelle war ich nach „der Wende" am „Aufbau Ost" beteiligt.

Dieses Abenteuer sollte *1991* beginnen.

Seit den frühen 90ern habe ich auch immer zur Saison bei meinen Eltern in der Landwirtschaft geholfen. Geschälter Spargel, vakuumverpackt, war unsere Spezialität.

Den geschälten Spargel verkauften wir ausschließlich an große Hotels und Restaurants in Aachen, Köln, Frankfurt, München, Hamburg, Berlin. Mit einem Kühllaster ging es quer durch Deutschland und fast jede Nacht zum Großmarkt in die Domstadt am Rhein.

Der Spargel wurde von mir oder von meinem Vater in der Nacht zum Großmarkt in die Domstadt gebracht und dort höchstbietend an der Versteigerung verkauft.

Wir haben sogar zwei Jahre das Stammhotel der deutschen Fußballnationalmannschaft in der Eifel beliefert, und unser Spargel ist zwei Jahre mit der Lufthansa rund um die Welt geflogen. Es war eine tolle Erfahrung, aber auch eine sehr intensive Zeit.

Als mein Vater vor einigen Jahren viel zu früh verstorben ist, habe ich ein Jahr später die Landwirtschaft aufgegeben.

1991 - Fußballkarriere und der Aufbruch in eine alte neue Welt

In diesem Jahr stand unter anderem der erste größere Wechsel meiner fußballerischen Laufbahn an. Bei meinem alten Heimatverein war ich nicht mehr wirklich zufrieden, es machte einfach keinen Spaß mehr, denn der Verein war gerade dabei sich selber zu verkaufen.

Wir holen etwas aus und gehen sieben Jahre zurück.

Nach einem extrem erfolgreichen Jahr in der Landesliga, die damals fünfhöchste Liga im deutschen Fußball, musste die Mannschaft in der folgenden Saison die Zeche der Unerfahrenheit zahlen, und wir stiegen im zweiten Jahr leider wieder in die Bezirksliga ab. Im Jahr 1986 schafften wir das Unglaubliche, den direkten Wiederaufstieg zurück in die Landesliga. Zwei Jahre lang konnten wir dieses Niveau noch halten, und dann brach so langsam aber sicher die Mannschaft auseinander.

Es wurden viele neue Spieler eingekauft um nochmals den Aufstieg in die Landesliga zu schaffen. Die Vereinsführung wollte damals mit aller Macht wieder zurück in die Landesliga, doch das Niveau der Mannschaft reichte zu diesem Zeitpunkt schlichtweg für die Landesliga nicht aus. Einheimische junge Talente wurden vergrault, die langjährigen einheimischen Säulen der Mannschaft zum Teil nicht mehr berücksichtigt. Das ging mir gegen den Strich, deshalb entschied ich mich im Jahr *1991* dazu den Verein zu verlassen.

Mein Vater war natürlich nicht damit einverstanden. Er war jahrelang in der Vereinsführung tätig, war Jugend Sportleiter und hat sich um alles Mögliche gekümmert. Pap war für die

Kreisjugendabteilung engagiert worden und hätte natürlich gerne gesehen, dass sein Sohn im Heimatverein spielt.

Mit meinen damaligen Arbeitskollegen habe ich zu dieser Zeit mehrmals auf Fußballturnieren mit der Betriebsmannschaft gespielt. Zwei Brüder sprachen mich nach einigen Spielen an. Sie fragten, ob ich nicht Lust habe zu ihnen in die Mannschaft zu kommen. Ich habe dann im Dürener Raum ein Probetraining bei einem Bezirksligaverein absolviert. Wir waren uns relativ schnell einig. Die Mannschaft war mit jungen Burschen gespickt, das Niveau der Mannschaft stimmte mich positiv. Ich habe noch zwei Trainingsspiele für diesen Verein bestritten, und im Sommer sollte es dann zum Wechsel kommen.

Genau in diese Zeit fiel damals ein mit unseren Kumpels geplanter Italienurlaub. In der Saisonvorbereitung in den Urlaub zu fahren ist eh schon schwierig und nicht gern gesehen. Es war natürlich nicht so ideal, aber ich wollte mir auch meinen Urlaub nicht vermiesen lassen, schließlich war der schon lange geplant.

Im Urlaub die eine oder andere Trainingseinheit zu absolvieren, das war mein Plan.

Durch meine jahrelange Erfahrung wusste ich, wie man am besten trainiert um fit zu werden. Aber wie das dann so ist, man macht nicht wirklich viel. Es war ein sehr schöner Urlaub, aber von Training keine Spur!

Wir sind am Sonntagmorgen gegen 11 Uhr nach 16-stündiger Autofahrt, wieder zu Hause angekommen.

An diesem Nachmittag um 15:00 Uhr war das große Spiel, welches endgültig über meinen Wechsel entscheiden sollte. Mein Heimatverein hatte einen mittleren vierstelligen Betrag als Ablösesumme aufgerufen. Die Vereinsführung, der Vorstand und die Geldgeber-Gönner meines neuen Vereins waren alle am Platz und wollten sich überzeugen ob der Kauf sinnvoll ist.

Ich hatte sechzehn Stunden Autofahrt in den Knochen und mir gedacht, oh Mann, wenn das mal gut geht.

Manchmal sind es aber genau diese Momente, die das Leben schreibt. Wir haben das Spiel zwar mit 2:4 gegen einen Landesligisten verloren, aber ich habe die beiden Tore geschossen. Man hat mir ein überragendes Spiel nachgesagt. Alle waren sehr zufrieden und ich natürlich auch.

Mein Vater war auch am Platz, das hat mich sehr glücklich gemacht. Er hat nicht ein Fußballspiel von mir verpasst, mich immer unterstützt und war immer für mich da.

Eine Woche später ging der Deal über die Bühne, und alles war unter Dach und Fach.

> Dieses Gefühl, mit dem was man am liebsten macht, Geld zu verdienen, ist unbeschreiblich.

Das fußballerische Gastspiel in der Bezirksliga Raum Düren sollte aber nicht von langer Dauer sein. Warum, dazu komme ich später noch. Ich bin im Frühjahr des nächsten Jahres *1992* ins Nachbarland zu einem Viertligisten in die Niederlande gewechselt. Dort habe ich ein Jahr gespielt und musste dann leider wegen ständigen, nicht in den Griff zu bekommenden Problemen in der Beinmuskulatur, und immer wieder auftretenden Muskelfaserrissen, meine Fußball - Karriere schon mit knapp 25 Jahren beenden.

Ein paar Jahre zuvor hätte ich nicht mal im Traum daran gedacht, dass ich meine Fußballlaufbahn schon so früh beenden muss.

Nun zum weiteren Verlauf des Jahres 1991:

Im Herbst *1991* kam mein damaliger Gruppenleiter bei der Telekom, Trupp MGF, auf uns Mitarbeiter zu und fragte, ob wir nicht Lust hätten den Osten mit Telefonleitungen zu versorgen?

Wir schauten uns alle an, und Josef und ich waren uns direkt einig. Ja, wir stürmen in den Osten, wir werden den Osten mit Telefonleitungen und Telefonen versorgen. Uns war in dem Moment überhaupt nicht klar auf welchen Trip wir uns einlassen würden. Kurz nach der Wende – Mauerfall und Wiedervereinigung der Deutschen, sind wir als einer der ersten Trupps in den Osten gezogen, um dieses Land wieder „aufzubauen". Unsere Basis war in Cottbus. Cottbus ist eine ca. 100.000 Einwohnerstadt, nahe der polnischen Grenze gelegen. Wir haben natürlich gedacht, es wäre ähnlich wie in der Domstadt am Rhein: Bars, Restaurants, Cafés, Night Life... aber so etwas gab es zu dieser Zeit in Old East Germany nicht. Es war tote Hose, aber egal, es war ein geiler Trip, der mein Leben nachhaltig verändern sollte. Meine Kollegen Josef und Claus fuhren dann Ende November als erste in den Osten.

Ich konnte erst zwei Wochen später fahren, musste noch ein Projekt in der Domstadt zu Ende bringen und sollte im Dezember zur Einheit stoßen.

So begann für mich das Abenteuer Ost.

Josef kam übers Wochenende mit einem der T3 Bullis nach Hause um mich abzuholen.

Mein Trip in den Osten der Republik begann an einem verregneten Montag, 4:00 Uhr morgens, West Germany.

Wir trafen uns, wie gesagt gegen 4:00 Uhr in der Domstadt am Rhein. In der Postzentrale wurde der Bulli mit Material, welches wir noch benötigten, voll bis unters Dach gepackt, und auf gings gen Osten.

Die Fahrt führte von der A1 übers Kamener-Kreuz auf die A2 bis wir in Helmstedt „rüber" machten. Die alte Transit-strecke rief Erinnerungen wach.

Ich war *1986* mit meiner Schulklasse auf Klassenfahrt nach Berlin mit dem Bus genau über diese Straße gefahren.

1986 gab es aber noch Ost- und West Germany, es war die Zeit des Kalten Krieges.

Die Klassenfahrt mit dem Bus nach Berlin sollte auch ein besonderes Erlebnis für mich werden.

In Helmstedt war die Grenzkontrolle. Alles war im Vorfeld geklärt, sogar wer wo im Bus sitzt musste vor der Fahrt bei der DDR-Behörde mitgeteilt werden. Unser Bus wurde an der Grenze raus gewunken. Zwei bewaffnete Grenzbeamte kamen zu uns in den Bus. Einer sammelte alle Pässe ein, der andere beobachtete uns genau. Im Bus war es totenstill. Man hätte eine Stecknadel auf den Boden fallen hören. Nach einer gefühlten Ewigkeit bekamen wir unsere Pässe zurück und durften weiterfahren. Während der Fahrtstrecke im Osten, der sogenannten Transitstrecke, durfte nicht angehalten werden. Die Strecke verlassen durften wir natürlich auch nicht. Es ging schnurstracks nach Berlin, ich glaube irgendwo Höhe Potsdam sind wir wieder zurück in die BRD.

Im Verlaufe der Klassenfahrt haben wir an einem Tag auch OST- Berlin besucht. Es war für uns alle ein bisschen spooky. Beim Grenzübertritt mussten wir 25 DM gegen 25 Mark DDR-Spiel-Geld tauschen. Zwangsumtausch. Ich sage bewusst „Spiel-Geld", weil dieses Geld nur in der DDR einen Wert hatte.

Die DDR hat ja im Grunde nicht wirklich produziert, der Staat hatte alles unter Kontrolle und hat den Bürgern diese Ostmark gegeben. In der DDR kostete alles irgendwie nichts. Wir konnten an diesem Tag für die 25 DDR-Mark essen und trinken, Zigaretten kaufen, und hatten trotzdem am Ende des Tages fast alle noch 15 DDR-Mark in der Tasche. Für diesen wahrscheinlichen Fall, dass wir Geld übrig hatten, wurde uns im Vorfeld ein wenig Angst gemacht. Auf keinen Fall sollten wir unser restliches Geld an irgendwelche Leute an der Grenze abgeben. Die „Stasi" Leute waren allgegenwärtig. So schlimm war's am Ende dann doch nicht.

Etwas beängstigend war eigentlich nur der Grenzübertritt. Man musste in eine dunkle Kammer gehen, den Pass in einen Schlitz legen, der Pass wurde hinter einer schwarzen Scheibe kontrolliert. Etwa fünf Minuten musste man im Dunkeln warten, irgendwann wurde der Pass zurück gereicht und die Schleusentüre geöffnet. Das war schon alles ein bisschen komisch, aber na ja, so war das halt in Old East Germany

Zurück zum Trip ins Jahr 1991

Wir machten also in Helmstedt mit unserem Bulli „rüber".
Die Grenze als solche gab es ja nicht mehr. Es war noch sehr
deutlich zu sehen wie die Grenze vorher ausgesehen haben
muss.

Die Grenzbefestigungen und die Grenztürme kann man
heute, nach über dreißig Jahren, teilweise immer noch sehen.
Mittlerweile ist Helmstedt eine Gedenkstätte, und die alten
Grenzanlagen sind zu einem neuen Rastplatz umgebaut worden.

Im Verlaufe der Fahrt standen wir mehrmals im Stau. Irgendwann fuhr ein junger Mann mit einem Trabi neben uns,
er gestikulierte wild mit den Armen, und hupte in seinem
Trabi wie ein Irrer. Wir dachten, was will der Idiot, hat der
noch nie einen Bulli aus dem Westen gesehen? Ich drehte das
Fenster runter, da brüllte er los: „Der Wagen brennt, der Reifen brennt". In dem Moment schaute ich in den Rückspiegel
und sah die Flammen aus dem Radkasten schlagen und
suchte direkt eine Stelle um den Bulli zum Stillstand zu bringen. Die nächst mögliche Stelle zu finden, was auf der Tran-
sit-Straße gar nicht so einfach war, lag vor einer langen Linkskurve. Den Bulli konnte ich rechts an den Rand fahren.

Es war eine Menge Verkehr. Mit unserem Wasser, welches
wir eigentlich zur Verpflegung eingepackt hatten, konnten
wir den kleinen Brand löschen. Beim Stau, dem ständigen
bremsen, anfahren, bremsen, musste sich wohl eine Brems-
backe verklebt haben. Vielleicht hatte ich auch die Hand-
bremse im letzten Stau nicht richtig gelöst.

Auf jeden Fall standen wir jetzt circa 50 Kilometer vor dem
Dreieck Werder, wie sich nachher herausstellte. Die Panne
passierte gegen 15:00 Uhr nachmittags, wir versuchten händeringend ein Auto zum Anhalten zu bewegen und um Hilfe

zu bitten. Handynetze im Osten, Fehlanzeige. Selbst wir hatten zu dieser Zeit noch keine Handys. Eine Zeit die man sich heutzutage gar nicht mehr vorstellen kann. Nach einer Ewigkeit in der eisigen Kälte, es war mittlerweile stockdunkel, hielt gegen 19:00 Uhr endlich ein Auto an. Der Fahrer des Wagens bedachte uns mit dem Spruch im Berliner Akzent:

„Kick an, die Jungs von der Post, na habt ihr noch keen Feierabend"?

Sehr lustiger Mensch, aber immerhin hilfsbereit. Er hat uns bis zum nächsten Rasthof, dem Rasthof Michendorf, mitgenommen. In der Dunkelheit war die Entfernung nicht einzuschätzen. Wir haben uns freundlich beim Fahrer bedankt und sind in den Rasthof rein. Der Gedanke war, okay kein Problem, wir rufen jetzt den ADAC, der kommt und schleppt uns ab, aber wohin? Keine Ahnung!
Auf Nachfrage sagte die nette junge Frau vom Rasthof:
„Wir haben hier kein Telefon"!
Schlagartig wurde uns wieder bewusst, warum wir eigentlich unterwegs waren.
Wir bringen doch die Telefone ins Land!
Sie meinte, wenn sie telefonieren möchten, müssen Sie gegenüber auf die andere Seite zum Rastplatz.
Wir schauten uns verdutzt an und sagten. „Okay, wie kommen wir auf die andere Seite"? Die junge Frau sagte:
„Sie müssen über die „Autobahn" laufen".
Zuerst dachten wir, die spinnt doch, es gibt doch bestimmt eine Brücke. Es gab aber keine Brücke.
Der Verkehr hatte sich gegenüber dem Nachmittag etwas beruhigt. Gefährlich war es trotzdem bei dunkler Nacht über die Autobahn zu laufen. Das macht man ja auch nicht jeden Tag. Josef und ich schauten uns an, was hatten wir für eine Wahl, wenn wir telefonieren wollten, mussten wir über die

Autobahn. Wir passten einen guten Moment ab und rannten waghalsig los. Unser Ziel lag auf der anderen Seite der Autobahn. Wir schafften es tatsächlich auf die andere Seite.

Es ist eine wahre Geschichte, doch jetzt hört es sich für einen Moment wie ein Märchen an. Auf der anderen Seite stand, als wäre es ein Traum, ein Wagen des ADAC. Meine ADAC Karte hatte ich dabei und sprach den jungen Mann direkt an.

-- Zack! --

Traum vorbei! Er sagte, er habe jetzt keine Zeit, könnte uns nicht helfen, er wäre wegen einem anderen Wagen hier. Wir haben ihn gebeten einen Kollegen zu informieren. Er hatte natürlich auch kein Mobiltelefon, ist aber kurz mit in den Rasthof gekommen und hat dort per Telefon den Abschleppdienst informiert. Wir versuchten zu erklären wo unser Bulli steht, damit der Abschleppwagenfahrer den Bulli findet. Dass der den Bulli gefunden hat, war reiner Zufall, wie uns der Abschleppfahrer nachher erzählte.

In der Dunkelheit einen Bulli zu finden, der ohne Licht am Straßenrand stand, war wirklich nicht so einfach. Die Panne passierte vom Rastplatz aus irgendwo Richtung Westen auf der Autobahn. Wo, konnte ich nicht mehr genau sagen. Der Rastplatz lag hinter einem Autobahndreieck auf einer anderen Autobahn. Somit hatten wir mittlerweile die Autobahn gewechselt um auf diesen Rasthof zu kommen.

Wir bedankten uns bei dem freundlichen Mann vom ADAC und standen nun in Old East Germany irgendwo im Nirgendwo auf einem Rastplatz.

Stockfinster im Osten, wir fragten uns, wie zum Teufel kommen wir jetzt zurück zum Bulli?

Es blieb uns nichts anderes übrig, als zu versuchen auf dem Rastplatz jemanden zu finden, der uns ein Stück Richtung

Westen mitnehmen würde. Wir fanden auch jemanden, der uns mitnahm.

Der Fahrer war sehr geduldig, er musste hinter dem Autobahndreieck und dem damit verbundenen Autobahnwechsel langsam fahren, denn wir hatten ja nicht die geringste Ahnung wo unser Bulli stand.

Gott sei Dank war der ADAC Abschleppdienst schneller, wir konnten die gelben Blinklichter am großen LKW schon von weitem sehen. Unser „Taxifahrer" fuhr rechts ran und wir stiegen aus, bedankten uns mit einer kleinen Aufmerksamkeit.

Nun mussten wir zum zweiten Mal diesen waghalsigen Sprint über die Autobahn zur anderen Seite riskieren. Wir fassten uns ein Herz, passten wieder den richtigen Moment ab, und rannten todesmutig über die Autobahn zur anderen Seite.

Der Bulli musste jetzt nur noch auf den Abschleppwagen. Dies war nicht so einfach wie gedacht. Der Bulli ist eh schon schwer, und zusätzlich war er ja bis auf den letzten Quadratcentimeter vollgepackt mit Material. Die Zugwinde des Schleppers quietschte und ächzte unter der zu ziehenden Last. Zum Glück schaffte die Seilwinde diese Last, zwar langsam, aber sie schaffte es.

Der Abschleppwagen hat uns zu einer VW-Werkstatt nach Potsdam geschleppt. Der Bulli wurde abgeladen und wir standen vor dem nächsten Problem.

Wo können wir übernachten? Der Mann vom ADAC konnte uns bei dieser Frage nicht behilflich sein, er fuhr uns aber freundlicherweise zum Bahnhof. An der Ecke des Bahnhofs war ein Taxistand, dort stand tatsächlich ein Taxi. Es war mittlerweile 23:00 Uhr. Man kann es sich ja kaum vorstellen, aber zu dieser Zeit hatten die Hotelrezeptionen schon alle geschlossen.

Das einzige Hotel vor Ort, welches noch geöffnet hatte, war das Interconti. Wir haben im Interconti eingecheckt, oberster Stock, Penthouse. Sogar die Hotelbar hatte noch geöffnet. Somit konnten wir uns nach diesem abenteuerlichen und anstrengenden Tag ein frisch gezapftes, kühles Blondes gönnen.

Am nächsten Morgen haben wir direkt Kontakt mit der Zentrale in der Domstadt aufgenommen und die Situation geschildert. Die Kollegen teilten uns mit, dass der Bulli nicht in einer VW-Werkstatt repariert werden durfte, sondern in die Postwerkstatt zur Reparatur muss. Welch ein Glück wir diesmal hatten, direkt gegenüber war die Postwerkstatt. Die lieben Kollegen konnten den Bulli über die Straße in die Werkstatt schleppen. Nach Begutachtung des Schadens sagte der Kollege: „Die Bremse ist festgebacken, es dauert circa einen halben Tag bis wir eine neue Bremse besorgt haben".

Der Nachmittag in Potsdam wurde entspannt, wir haben uns das Städtchen angeschaut, lecker gegessen und uns im Park ausgeruht. Den Kollegen in der Domstadt haben wir noch eine Karte mit Bildern des Penthouses vom Interconti geschrieben.

Abends gegen 20:00 Uhr konnten wir die Fahrt wieder aufnehmen.

Bis zum Ziel, Burg im Spreewald, waren es nur noch knapp 200 Kilometer. Ohne weitere Vorfälle kamen wir kurz vor Mitternacht am Ziel an.

Burg im Spreewald sollte erst einmal für drei Monate unsere nächste Heimat werden. Die Firma hatte dort für vier Kollegen ein komplettes Haus gemietet. Auf den ersten Blick, ein überschaubares Dorf, ruhig und idyllisch.

Wir mussten jeden Abend unsere Fahrtenbücher schreiben, das war aufwendig. Jede Tour des Tages wurde eingetragen und der Kilometerstand musste exakt stimmen. Es blieb also wenig Zeit irgendetwas zu unternehmen. Morgens um fünf Uhr starteten wir in der Eiseskälte zur Arbeit. Es war manchmal morgens so kalt, dass sogar die Innenscheiben vom Bulli gefroren waren. Also erstmal beide Seiten der Scheiben freikratzen. Minus 25 Grad in der Nacht war keine Seltenheit in Old East Germany. Unsere Bullis hatten eine durch den Motor geheizte Lüftung, die wurde in den 25 Kilometern bis zum morgendlichen Treffpunkt, der Zentrale in Cottbus, nicht wirklich warm. In der Regel kamen wir nach der Arbeit gegen 18 Uhr wieder zurück nach Burg. Morgens dunkel, abends dunkel!

Es waren lange Tage, wir waren ja nicht zum Spaß da. Oder doch? Das Schreiben der Fahrtenbücher klappte immer besser, und wir fingen an uns an den Abenden zu langweilen. Eines Abends kam unser Chef auf uns zu und sagte, dass unsere Vermieterin uns in ihrem Restaurant zum Essen eingeladen hätte. Wir fuhren zusammen zum Restaurant. Die Vermieterin erzählte uns, dass es im Nachbarort eine Diskothek geben würde, die mittwochs geöffnet hätte.

Es war der später noch legendär werdende Kastanienhof in Byhleguhre.

Ab diesem Moment war mittwochs immer Dorfdisco-Time im Kastanienhof angesagt! Unser Chef brachte uns zur Disco in den Nachbarort und holte uns gegen 1:00 Uhr nachts wieder ab. Unser Kollege Bernd ist auch zweimal mitgefahren, hatte aber danach keine Lust mehr. Nach ein paar Fahrten hatte unser Chef auch die Nase voll und wir mussten improvisieren. Josef und ich fuhren nun mit dem Taxi. Das hört sich einfacher an als es war. Im Spreewald war es eben nicht selbstverständlich, dass man einfach ein Taxi ruft. Wir mussten immer am Mittwochmittag unser Taxi für die abendliche Tour buchen, hin und zurück. Gegen 21:00 Uhr brachte uns das Taxi in den Kastanienhof, gegen 01:00 Uhr nachts holte uns derselbe Fahrer wieder ab.

Das hatte schon was. Einen Taxistand vor der Disco, wie wir es kannten, gab es dort nicht. Es war schon alles etwas außergewöhnlich, aber es wurde noch besser.

Mittwochs wurde so eine Art „Happy-Hour" eingeführt, es gab zwei kleine Flaschen Jonny Walker zum Preis für eine, Cola und Eis kostenlos dazu.

Es war der Beginn der stimmungsvollen ausgedehnten Mittwoch-Nächte. Generell war in der Diskothek nicht viel los, aber Josef und ich haben es jeden Mittwochabend ordentlich krachen lassen. Whisky-Cola, Bier, alles ohne Ende. Im Nachhinein muss ich sagen, wenn der Trip länger als ein halbes Jahr gedauert hätte, wären wir wahrscheinlich beide Alkoholiker geworden. Die Nächte wurden immer schlimmer und schlimmer. Wir fingen mit zwei kleinen Flaschen Whisky an, zum Schluss waren wir bei sechs kleinen Flaschen angekommen.

Es hatte sich natürlich mittlerweile eine große Schar um uns herum gebildet, weil es sich herumgesprochen hatte, dass wir Jungs aus dem Westen es richtig krachen ließen.

Wir waren in eine andere Welt eingetaucht, heutzutage gar nicht mehr vorstellbar. Es waren tolle Nächte, und wir haben das eine oder andere Whisky-Cola Event veranstaltet, welches uns natürlich auch des Öfteren eine Schimpftriade von unserem Chef am Donnerstagmorgen beschert hat.

Aber, so what, man lebt nur einmal.

Uns war es egal, solange wir unsere Arbeit gut machten und unser Chef zufrieden war, konnten wir auch feiern gehen. Es war ja schließlich nur einmal in der Woche, obwohl stopp, ich muss ein bisschen korrigieren.

Getrunken haben wir schon recht viel in dieser Zeit. In der Regel sind wir am Wochenende nach Hause geflogen. Am Freitagmittag wurde der Bulli in Cottbus an einer Vermittlungsstelle der Post abgestellt. Von dort ging es zu Fuß zum Bahnhof. Mit dem Zug von Cottbus nach Berlin-Königs-Wusterhausen. Dann quer durch Berlin mit S-Bahn, U-Bahn und Bus zum Flughafen Tegel. Ab in den Flieger Richtung Heimat. In der Domstadt angekommen, rein ins Auto und weiter nach Hause.

Sonntagnachmittags gegen 18:00 Uhr trafen wir uns wieder am Flughafen Köln. Einchecken, ein - zwei Bierchen an der Theke und ab in den Flieger. Das gleiche Ritual jeden Sonntag.

Da wir immer zur gleichen Zeit flogen und immer mit derselben Gesellschaft, waren wir nach kurzer Zeit mit den Stewardessen per Du. Wir bekamen einen Whisky vor dem Start, einen Whisky während des Fluges und noch einen Whisky kurz vor der Landung. Man muss nur nett sein, und das Leben ist um einiges leichter.

In Berlin angekommen, zuerst zum Stammkiosk im Flughafen; zwei Sixpacks Dosen-Bierchen geholt. Es waren lange Touren an sehr kalten einsamen Bahnsteigen quer durch Berlin. Verpflegung braucht man, man weiß ja nie was passiert.

Eine gute Stunde brauchten wir durch Berlin mit Bus, U-Bahn und S-Bahn bis Königs-Wusterhausen.

In der Anfangszeit sind wir auch oft schon am Samstag geflogen, um an diesen Tagen ins Berliner Nachtleben einzutauchen. Sollte man mal erlebt haben! Wir waren zwar schon, durch so manche Nacht in der Domstadt, einiges gewöhnt. Berlin ist aber noch ein anderes Level.
   Der Ausdruck: Party hart! bekam eine neue Bedeutung.

Ab Königs-Wusterhausen noch anderthalb Stunden mit dem Zug bis Cottbus, in dieser Zeit haben wir natürlich nichts mehr getrunken, wir mussten uns ja ein bisschen ausruhen. Von Cottbus aus sind wir mitten in der Nacht, gegen zwei Uhr, mit unserem Bulli nach Burg in unser Zuhause gefahren.
   Wer in der Nacht fahren durfte, wurde meistens mit einem Münzwurf entschieden. Wir sind sicherlich das ein oder andere Mal mit knapp über 0,5 Promille unterwegs gewesen. Richtig war dies nicht, aber schließlich war es ja auch mitten in der Nacht und keine Menschenseele in Old East Germany unterwegs.

Nun zurück zum Kastanienhof, zu diesem einen Abend, der mein Leben für immer verändern sollte!

   Ich kam von der Toilette zurück und da stand SIE, romantischer konnte es nicht sein. Unsere Blicke trafen sich und ich war gefangen, wie in einem Bann. Es war ein schöner erster Abend, und in den nächsten Wochen lernten wir uns näher kennen.
   Nach zwei weiteren Mittwochabenden sahen wir uns fast täglich und kamen uns immer näher. Beim Billard oder beim

Darts knisterte es immer wieder in der Luft. Im Januar verlängerten Josef und ich unseren Aufenthalt um weitere drei Monate.

Zum Geburtstag meiner Liebsten kam mir die Idee, ihr etwas zu schenken. Wir kannten uns noch nicht lange, doch ich dachte mir, Dessous kommen immer gut an. Nur leider gab es in Cottbus keinen Laden, der etwas in dieser Form anzubieten hatte. Also habe ich donnerstags meinen besten Freund angerufen und ihn gebeten, in unserer Stadt etwas zu besorgen. Ich konnte es am folgenden Wochenende mitnehmen und meiner Liebsten zum Geburtstag schenken. Die Freude war riesengroß und die Überraschung gelungen. In dieser Zeit ist unsere Liebe von einem zarten Pflänzchen zu einer schönen Blüte geworden.

Der Abschied kam und war schwerer als ich dachte. Wir versprachen uns zwar, wir sehen uns wieder, aber so einfach war es dann doch nicht.

Für die heutige Zeit unvorstellbar.

Wir konnten nicht mal eben kurz telefonieren. Im Dorf gab es, trotz unseres enormen Einsatzes, noch lange nicht für jeden Haushalt einen Telefonanschluss.

Zum Telefonieren mussten wir uns immer von Wochenende zu Wochenende verabreden, kein Scherz.

Meine Herzdame war deshalb immer zur abgesprochenen Uhrzeit zum Telefonieren bei ihrer Tante. Funktionierte dies aus irgendeinem Grund nicht, hörten wir leider die nächsten zwei Wochen nichts voneinander.

In den folgenden Monaten bin ich immer häufiger übers Wochenende zur ihr gefahren. Freitags gegen Mittag ging es direkt von der Arbeit aus der Domstadt am Rhein ins Old East Germany.

Manchmal fuhren wir dann, vom Spreewald aus, übers Wochenende nach Berlin, zu den Verwandten meiner zukünftigen Frau.

In den ersten Jahren nach der Wende waren die Straßen teilweise noch in einem katastrophalen Zustand. Bei einem dieser Besuche krachte es plötzlich mehrmals sehr laut. Mein GTI hatte auf der schlechten Straße Bodenkontakt. Ich stoppte den Wagen sofort und schaute unter dem Auto nach. Ich hatte mir kurz vor unserem Ziel die Ölwanne an meinem tiefergelegten Golf GTI aufgerissen.

Wir schafften es aber noch bis zu den Verwandten. Mike, der Mann der Cousine, war KFZ-Meister und Teilhaber eines VW Autohauses. Er schaute sich den Wagen auf der Grube in seiner Garage an, und konnte noch am Samstag die zur Reparatur benötigten Teile bestellen.

Dienstagabend startete ich wieder Richtung Heimat, die Fahrt verlief diesmal ohne besondere Zwischenfälle.

Normalerweise fuhr ich sonntagsabends spät wieder zurück, meistens direkt in die Domstadt zur Arbeit. Die Kollegen weckten mich in der Regel in meinem Auto vor Arbeitsbeginn.

Das war eine Tortur, aber was macht man nicht alles für die Liebe seines Lebens.

1993 – Unsere erste gemeinsame Wohnung

Wir sind in diesem Jahr in unsere erste gemeinsame Wohnung gezogen. Meine Freunde und mein Bruder unterstützten uns bei der Renovierung, und sie packten auch später beim Umzug fleißig mit an. Diese Wohnung hatte eine Weile leer gestanden und musste komplett renoviert werden. Wir entfernten zuerst die alten Tapeten, und danach wurden die Wände neu tapeziert, zusätzlich verlegten wir neue Teppichböden, und es wurden neue Lampen aufgehangen. Nach einem Monat war unsere erste Wohnung bezugsfertig, wir stießen mit meiner Familie und unseren Freunden darauf an.

Im Winter des Jahres fuhren wir von meinen Eltern aus, die zwei Dörfer entfernt wohnten, samstagmorgens nach dem Einkaufen wieder zurück in unsere Wohnung. Es war eisigkalt und die Straßen spiegelglatt.

Im Nachbardorf, direkt vor dem Frisörladen, in dem mir der Frisör ins Ohr geschnitten hatte, stand ein Auto geparkt. Welch ein Zufall?

Ich fuhr im Schritttempo darauf zu, konnte aber, weil das Auto in einer Rechtskurve stand, nicht weit daran vorbeischauen. Als ich schon fast auf der Höhe des geparkten Wagens auf der Gegenfahrbahn fuhr, tauchte plötzlich ein entgegenkommendes Auto auf. Erschrocken schauten der Fahrer und ich uns an. Um dem Wagen auszuweichen, lenkte ich zwar noch nach links, aber trotzdem fuhren wir frontal ineinander. Der Fahrer des anderen Wagens war ein Klassenkamerad aus meiner Schulzeit.

Wir blieben alle unverletzt und hatten nur einen kleinen Schock, die Autos mussten abgeschleppt werden. Da wir uns lange Zeit nicht gesehen hatten, nutzten wir die Wartezeit, bis der Abschleppdienst eintraf, um über alte Zeiten zu plaudern.

Mindestens zwei Mal im Jahr fuhren wir zur Familie in den Spreewald. Meistens zu Ostern und zu Weihnachten, manchmal auch einfach spontan für ein Wochenende. Mein bester Freund war auch einmal mit uns dort. Wir hatten zusammen ein schönes gemeinsames Wochenende im Osten und es blieb nicht das letzte.

Ein Jahr später, *1994*, hatte ich kurz vor Ostern, und somit kurz vor unserer geplanten Tour, einen Betriebsunfall. Ich musste neue PCM-Rahmen in der Vermittlungsstelle einlöten. Die PCM-Module sind wichtige Einheiten, die zur automatischen Vermittlung der Telefongespräche benötigt werden. Wir haben die Telefonvermittlungsstellen gebaut, dies hatte mich auch für den Einsatz in Old East Germany qualifiziert.

Ich saß in circa zwei Metern Höhe oben auf der Leiter. Es war Routine und das letzte Rahmen-Modul an diesem Donnerstagmorgen vor Ostern. Weil wir manchmal den alten Rahmen nicht vom Netz nehmen konnten, sonst hätten hunderte Haushalte kein Telefon gehabt, mussten wir in diesen Fällen unter Strom arbeiten. Dies war kein Problem, denn es war ja nur Schwachstrom. So auch an diesem Tag. Warum, ich weiß nicht mehr genau, aber ich verursachte einen Kurzschluss. Durch den Schreck schlug ich nach hinten. Ich fiel samt Leiter hinterrücks zu Boden. Reflexartig stützte ich mich mit der linken Hand ab um den Aufprall abzufangen. Es funktionierte, aber das linke Handgelenk war gebrochen. Die mit mir zu Boden fallende Lötstation samt Lötkolben verbrannte mich am Hals, doch nicht so schlimm. Im Krankenhaus wurde ein Gips angelegt. Der Bruch musste nicht unbedingt operiert werden, und so entschied ich mich gegen die Operation.

Wie kommen wir jetzt in den Spreewald? Meine Hand und mein ganzer Arm waren eingegipst, Autofahren unmöglich. Meine Frau hatte erst kurz zuvor den Führerschein gemacht und traute sich die lange Autofahrt, mit den mehreren damit verbundenen Autobahnwechseln, noch nicht zu. Mein lieber Bruder sprang ein, er fuhr mit uns in den Spreewald. Er sollte an diesem Wochenende seine zukünftige Frau kennen lernen.

Die Wochenenden im Spreewald waren immer sehr schön, ich verstand mich mit der Familie meiner Frau sehr gut. Mein, leider mittlerweile viel zu früh verstorbener Schwager, teilte das gleiche Hobby - Sport und Fitness.

Mein Schwager machte Kraftdreikampf und trainierte regelmäßig mit seinem Freund in einer zum Fitnessstudio umgebauten Garage. Wir haben einiges zusammen unternommen, es waren immer tolle Tage.

An einem Abend fuhren wir ins Nachbardorf zu einem Konzert, das Konzert fand im großen Saal der Dorfkneipe statt. Den Namen der Band, Knorkator, hatte ich vorher noch nie gehört. Die Show begann: Der Vorhang wurde zur Seite gezogen, das Publikum jubelte und kreischte, denn der Leadsänger saß nackt auf einer weißen Toilette.

Ich dachte mir: Was geht denn hier ab.

Im Verlauf des wilden Auftritts hat sich der Sänger doch auch etwas angezogen, der Auftritt der Band ist schwer in Worte zu fassen. Während der Show wurden Gitarren zertrümmert, und zum Abschluss des Abends haben die Jungs die komplette Bühne zerlegt.

Zwei Jahre später nahm die Band an der deutschen Vorentscheidung zum Eurovision Song Contest 2000 teil, und belegte dabei den vierten Platz. Die Bildzeitung kommentierte am Tag darauf: „Wer ließ diese Irren ins Fernsehen?"

Mein Schwager und Freund war ein echt guter Mensch, er wurde viel zu früh aus dem Leben gerissen. Leider sollte er nicht der Einzige sein, der uns viel zu früh genommen wurde.

1994 – Hochzeit wurde gefeiert

Im Herbst des Jahres wurde unsere Hochzeit gefeiert, die ganze Familie war eingeladen. Die Familie aus dem Spreewald kam zwei Tage vorher bei uns an.

Einige wurden bei uns einquartiert, und andere brachten wir bei meinen Eltern und bei meinem Bruder unter.

Wir wurden im Nachbardorf der Gemeinde standesamtlich getraut, an diesem Tag war ein Wetter, wie aus einem Bilderbuch. Gefeiert wurde anschließend bei meinen Eltern im Haus. Ein schönes Fest!

Tja, was soll ich sagen, wir sind mittlerweile über 26 Jahre verheiratet, es war nicht immer leicht, aber es war und ist eine tolle Zeit.

1995 – Ausstieg bei der Telekom und ein neuer Job

Die Telekom wollte Stellen abbauen und hat Abfindungen angeboten. Mitte der 90ziger habe ich mich dafür entschieden das Unternehmen zu verlassen.

Ein neuer Job stand an. Durch meine Qualifikationen konnte ich in der freien Wirtschaft als Elektriker arbeiten. Die Firma, bei der ich anheuerte, hatte sich unter anderem auf den Ausbau von Schausteller Wohnanhänger und LKW´s spezialisiert. Die Schausteller ziehen mit ihren Fahrgeschäften und Attraktionen durch das ganze Land.

Sie wohnen dabei in ihren Wohnwagen. Es sind Wohnwagen im wahrsten Sinne des Wortes. Die Auflieger-Wohnwagen haben ausfahrbare Erker und sind zum Teil so groß wie Häuser.

Die Auflieger wurden durch uns komplett mit Heizung, Sanitär- und Elektroinstallation versorgt. Meistens war in den Aufliegern Luxus pur zu finden. So wurden Bäder eingerichtet, die auch schon mal Zwanzigtausend D-Mark und mehr kosteten. Es gab Lichtsteuerungen der neusten Technik, und es wurden auch Musikanlagen verbaut. Die Liste der Wünsche war in der Regel recht lang. In dieser Zeit lernte ich: Es gibt nichts, was es nicht gibt.

Bei einem Reparaturauftrag an einem Auflieger bekam ich einen heftigen Stromschlag. Ein Schausteller hatte uns vorher informiert, dass etwas mit der Stromversorgung nicht in Ordnung wäre. Die Schausteller standen mit ihrem Fahrgeschäft auf einer Kirmes ganz in der Nähe, so fuhr ich zum Kirmesplatz um mir das Problem anzusehen. Der Stromkasten war im Unterbau des Aufliegers verbaut, ich öffnete die Metallklappe des Unterbaus um mir einen Überblick zu verschaffen.

Meine extra mitgebrachte vier cm dicke Gummimatte legte ich vor dem Auflieger aus. Ein Sicherungsautomat schien augenscheinlich nicht in Ordnung zu sein. Ich wollte mit der linken Hand prüfen ob der Automat richtig befestigt war. Dafür fasste ich an den Automaten und bekam in diesem Moment einen Stromschlag, weil ich mit dem Rücken an der Metallklappe stand. Der Strom schoss durch mich, ich zuckte zurück und mein Hals berührte durch den Schreck die Metallklappe des Unterbaues, der Strom entlud sich über meinen Hals an der Klappe.

Aber ich hatte wieder einmal Glück im Unglück. Wenn ich vor dem Stromschlag mit meinem Hals die Metallklappe berührt hätte, hätte ich mich wahrscheinlich nicht vom Strom lösen können.

Der Monteur, der den Sicherungskasten installierte, hatte eine wichtige Isolierung vergessen, und dadurch war die Verbindung unter den Sicherungen nicht geschützt. Lebensgefährlich! Das war sicherlich trotz des Zwischenfalls, der coole Teil des Jobs. Aber im Winter im Rohbau eines Hauses bei Eiseskälte Schlitze in Wände schlagen sicher nicht. Damit Stromkabel ordentlich verlegt werden konnten, mussten auch manchmal Schlitze geschlagen werden. Aber gut, auch das gehört zum Geschäft, und das Leben spielt eben nicht nur auf einem Ponyhof.

Einige Jahre zuvor habe ich mit einem Bekannten die Heizungsanlagen von Häusern einer kompletten ehemaligen Nato-Base mit neuer Technik erweitert. Denke, es waren rund 40 Häuser, die wir mit Bewegungsmeldern, Windmeldern und Temperaturfühlern ausgestattet haben. Irgendwann hatte ich aber genug vom „Bau" und wollte etwas anderes machen.

1996 - Was für ein Jahr!! Mein Sohn wurde geboren.

Der 18. April!

Mir war gar nicht so richtig bewusst, was da passiert, ich wurde Vater, zum ersten Mal. Vater werden, das ist ein Gefühl, welches man gar nicht so wirklich in Worte fassen kann. Dabei war ich schon längst Vater. Die Tochter, die meine liebe Frau mit in die Ehe gebracht hatte, habe ich aufgenommen wie mein eigenes Kind.

Vom ersten Moment an habe ich sie genauso geliebt wie eine eigene Tochter, aber dazu komme ich später noch ausführlicher.

Nun ist mein Sohn der Hauptdarsteller, wie sich in den folgenden Jahrzehnten herausstellen sollte, war dies nicht oft der Fall. Meistens ging es um unsere Tochter.

Mein Papa war mit dem LKW, vollgeladen mit Spargelpflanzen, irgendwo quer durch Deutschland unterwegs, er hatte vor Aufregung schon ein paar Mal angerufen und gefragt: Wie sieht es aus? Ich glaube sogar, mein Papa war aufgeregter als ich.

Es war so um die Mittagszeit. Meine Frau rief nach mir, ich ging ins Schlafzimmer um nachzusehen. Meine Frau stand über einem riesigen nassen Fleck auf dem Teppich und sagte in aller Seelenruhe: „Mir ist gerade die Fruchtblase geplatzt". Ich sagte überrascht:

„Was"? „Was ist jetzt los"?

„Wir müssen jetzt ins Krankenhaus" sagte meine Frau. Von der einen auf die andere Minute war ich total panisch, habe an tausend Sachen gleichzeitig gedacht.

Kurioserweise war der erste Gedanke: Mist, wir haben keinen Fotoapparat hier, wir müssen noch schnell eine Kamera kaufen. Rein ins Auto.

Die Tasche war ja schon gepackt, ab ins Krankenhaus, total aufgeregt. Unterwegs kamen dann die ersten Wehen. Im Krankenhaus angekommen, wurde meine Frau direkt an den Wehenschreiber angeschlossen. Die Wehen kamen noch in recht großen Abständen.

Ich fragte den Arzt, der ins Zimmer kam: „Wie lange wird es noch dauern"? Der Arzt meinte: „Ja, ich denke eine halbe Stunde bis eine Stunde Zeit sollten wir mindestens einplanen, man kann es aber nie so genau sagen". Ich sagte zu meiner Frau, dass ich noch schnell ins Kaufhaus fahre, um einen Fotoapparat zu kaufen, wir müssen doch ein paar Bilder machen, wenn der kleine Erdenbürger die Bühne der Welt betritt. Meine Frau verdrehte nur die Augen und sagte:

„Du spinnst doch"!

Auf dem Weg zum Kaufhaus dachte ich, was wenn du jetzt wegen dieser Aktion die Geburt verpasst? Ich habe die erstbeste Kamera genommen, mir war in dem Moment egal was die kostet, mein Sohn wird geboren! Noch einen Film dazu, damals wurde noch ein Negativfilm in die Kamera eingelegt. Bezahlt und ab zurück ins Krankenhaus. Dort angekommen wieder Aufregung pur.

Meine Frau war nicht mehr im Wehen-Zimmer, eine Schwester sagte mir: "Ihre Frau ist gerade in den Kreissaal verlegt worden". Die Krankenschwester brachte mich zum Kreißsaal.

Die Geburt ist ein wahnsinniges Ereignis für Mutter und Vater, das Kind bekommt es ja nicht wirklich mit. Oder könnt ihr euch an eure Geburt erinnern? Noch nie in meinem Leben, weder vorher noch nachher, habe ich meine Frau so vor Schmerzen schreien gehört.

Und dann, dann kam der kleine Prinz, der Prinz erblickte das Licht der Welt, unser Sohn war geboren, und wir waren die stolzesten und glücklichsten Eltern der Welt.

Natürlich habe ich auch tolle Fotos gemacht

Am Wochenende war „Kindchen-Pinkeln" angesagt, das heißt, der neue Erdenbürger muss feucht fröhlich begrüßt werden. Die Frau ist noch mit dem Kind im Krankenhaus, der Mann und seine Freunde trinken auf das Neugeborene.

Die Clique kam am Samstagabend zu uns in unsere Wohnung, alle waren da. Die Clique hatte ein schönes großes Willkommens-Schild gemalt, welches natürlich an die Hauswand gedübelt werden musste.

Danach stießen wir auf unseren neugeborenen Sohn an, es wurde das ein oder andere Bierchen gezischt. Später am Abend saßen wir mittlerweile im Wohnzimmer und hatten es uns bequem gemacht.

Mein Kumpel sagte, als er von der Toilette kam: „Hey Tuen, in deiner Küche brennt es". Er setzte sich wieder hin, ich hielt es für einen Scherz und ging nicht näher darauf ein. Ein paar Minuten später meinte er: „Tuen es brennt wirklich". Da dachte ich wohl, geh mal nachschauen. In der Küche stand ein Karton mit Dosen auf der Herdplatte. Zuvor hatten wir alle zusammen Pizza gegessen, die wir von unserem Lieblingsitaliener bringen ließen. Vermutlich hatte jemand am Herd angelehnt gestanden und mit seinem unteren Rücken einen der Knöpfe in die Startposition gedrückt.

Eine Herdplatte war angegangen, die Hitze hatte dazu geführt, dass der Karton in Brand geraten war. Nur der Karton stand in Flammen, aber ein paar Minuten später wäre wahrscheinlich die ganze Wohnung abgebrannt. Wir konnten das kleine Feuer schnell löschen, und haben nach dem kurzen Schreck noch mal ordentlich auf unseren neuen kleinen Erdenbürger angestoßen!

Ach ja, da fällt mir gerade ein, in dieser Wohnung hat es sogar ein zweites Mal gebrannt, aber dazu später mehr, an anderer Stelle.

Ende des Jahres verstarb meine geliebte Oma, die Mutter meiner Mutter. Meine Oma wohnte in meinem Elternhaus. Meinen Opa habe ich nicht gekannt, er ist aus einem Kriegseinsatz nicht zurückgekommen. Es hieß, er sei in Russland verschollen. Meine Oma wusste die ganzen Jahre über nicht, was mit ihrem geliebten Mann passiert war. Sie musste im Krieg alleine mit den vier Kindern fliehen. Zu Fuß durch halb Deutschland, bepackt mit den Kindern und ihrem ganzen Hab und Gut.
 Nach der Öffnung der Grenze und dem Ende des kalten Krieges kam der Bescheid, dass ihr geliebter Mann in russischer Gefangenschaft verstorben war.

Meine Oma war die beste Oma der Welt.

1996 war ich aber auch viel unterwegs.

Ich habe in Ägypten gearbeitet - wir bauten in der Nähe Kairos Spargel an. Kaum zu glauben aber wahr!
   Ich wurde mit zwei weiteren Bekannten aus der Spargel-branche über eine große amerikanische Firma angeworben, um in Ägypten Spargel anzubauen. Das Ziel war, den Spargel zum Herbst des Jahres auf den Europäischen Markt zu bringen.
   Es galt, den Menschen vor Ort beizubringen, wie es funktioniert, eine Spargelkultur richtig aufzuziehen und anschließend, nach ein paar Monaten, zu ernten.
Durch das außergewöhnliche Klima in Nordafrika dauert die Aufzucht der Pflanzen nur gute sechs Monate. In Europa braucht die Aufzucht der Spargelpflanzen etwa zwölf Monate.
   Das Projekt wurde über ein Jahr von mir begleitet. Die Plantage befand sich circa 80 Kilometer vor Kairo, Richtung Alexandria, mitten in der Wüste.

Eine grüne Oase wie aus einem Film, unglaublich!

Das Grundwasser wurde aus 100 Metern Tiefe zur Bewässerung an die Oberfläche gepumpt. Eine gigantische Bewässerungsanlage, die wie eine Raumstation aussah, lieferte damit das nötige Wasser für das Wachstum der Pflanzen. Die Bewässerungsleitungen waren wie riesige Karussells angebracht. Diese Karusselle der Bewässerungsleitungen waren mit 120 Metern Durchmesser gigantisch. Angetrieben wurden die Kreisel von einem Dieselmotor.

Die Konstruktion der Leitungen stand auf vier großen Zweier-Traktorreifen, die sich jeweils in einem Abstand von rund 15 Metern befanden.

Wir haben die Maschinen zur Feldarbeit per Schiff ins Land gebracht, vom Schlepper inklusive der Dammfräse über die Sortiermaschine bis zu den Stechmessern. Alles wurde von uns geliefert.

Die komplette Elektroanlage in der neu errichteten Halle habe ich installiert. Neue Leitungen, Schalter, Steckdosen, Starkstromdosen und Lampen wurden verbaut. Zusätzlich haben wir zwei mit Diesel betriebene Notstromaggregate errichtet. Das Team vor Ort wurde von mir geleitet. Ich war mehrmals im Jahr vor Ort und habe den Einheimischen beigebracht, wie man Spargel anbaut.

Es war wirklich ein interessanter Job. Wir mussten vor Ort einige Male improvisieren. Zum Beispiel, als bei dem Schlepper eines italienischen Herstellers, den wir mitgebracht hatten, ein Hydraulikschlauch der Lenkung platzte. Da fährt man nicht eben mal zur Werkstatt und holt einen neuen.

Der Schlauch musste eingeflogen werden, das benötigte Hydrauliköl haben wir vor Ort besorgen können.
Es dauerte vier Tage bis ich den neuen Schlauch vor Ort hatte und den Schlepper reparieren konnte.
 Die Gegebenheiten waren auch für uns Neuland, im wahrsten Sinne des Wortes.

Untergebracht waren wir im Grandhotel in Kairo-Gizeh.
 Unsere Zimmer hatten direkten Blick auf die Pyramiden von Gizeh.

Urlaubsfeeling kam aber trotz dieser tollen Kulisse nicht wirklich auf, wir waren ja zum Arbeiten da. Ein wirklich interessanter Trip, ein interessanter Job in meinem Leben, einer von vielen! Dadurch, dass wir immer wieder mal ausgebremst wurden, weil zum Beispiel etwas kaputtgegangen war und erst besorgt werden musste, hatten wir auch ein bisschen Freizeit.

Sehenswürdigkeiten in Ägypten anschauen, da wir ja schon mal so nah dran sind, und wenn es die Zeit erlaubt.
 Die Pyramiden von Gizeh sind eines der sieben Weltwunder! Überwältigend, wenn du vor den Pyramiden stehst, kannst du es nicht glauben, dass diese Meisterwerke von

Menschenhand geschaffen wurden. Du schaust hinauf in den Himmel und kannst ihre Spitze kaum erkennen, so hoch sind die Pyramiden von Gizeh. Wahnsinnig, die alten Ägypter.

In der zweitgrößten Pyramide, der Chephren Pyramide, durften wir uns die Grabkammern ansehen, beeindruckend. Es ging über eine Holzleiterkonstruktion, die auf dem Boden verlegt war, in die Pyramide. Schwer zu sagen, wie tief die Grabkammern lagen. Die gemachten Fotos sind unglaublich geworden. Danach ging es auf Pferden zu den Gräbern der Arbeiter. Dazu haben wir zwei Pferde gemietet. Das geilste war, der Pferdeführer kam nicht mit, er gab einem Pferd einen Klaps auf den Hintern, und die Pferde liefen wie ferngesteuert ihrer Route nach. Allein unterwegs durch enge Schluchten und Täler zu den Gräbern der beim Bau der Pyramiden gestorbenen Arbeiter. Zurück mussten wir die Pferde führen.

Ein interessanter Tag, wir fühlten uns wie Indianer Jones!

Die einheimischen Arbeiter haben uns viel gezeigt. Unter anderem hatten wir eine exklusive Führung durch das ägyptische Museum in Kairo. Mit allem was dazugehört, mit allem was man über Ägypten sehen, verstehen und lernen kann.
-- Es war Traumjob und Abenteuer zugleich. --

Es gab aber auch Schattenseiten. So habe ich auf einem Basar in der Altstadt von Kairo, das erste Mal in meinem Leben eine Leiche gesehen.

Ein Mann wurde unmittelbar in unserer Nähe von zwei Leuten überfallen und erstochen. Wir standen geschockt und sprachlos circa 20 Meter vom Ort des Geschehens entfernt. Panik brach aus, viele der Menschen schrien vor Angst. Innerhalb von ein paar Minuten waren Polizei und Krankenwagen vor Ort. Für den Mann kam leider jede Hilfe zu spät. Sprachlos sind wir danach durch die Altstadt geirrt und konnten an diesem Tag keinen klaren Gedanken mehr fassen.

Ein paar Tage später hatten wir einen Tipp bekommen. Wir fuhren daraufhin zu einem anderen Bazar, dort sollte es die schönsten Goldringe der Stadt geben.

Ich wollte meiner Herzdame einen schönen goldenen Ring mit nach Hause bringen. Dummerweise sind wir an einen „Fänger" geraten. So nennt man die Leute, die die Besucher des Bazars anwerben und danach abziehen. Der Fänger sprach perfekt Deutsch und warnte uns, wir sollten aufpassen, hier auf dem Bazar würde es nicht immer mit rechten Dingen zugehen.

Wir fielen auf diesen Bauerntrick rein, und ließen uns zu einem Geschäft, recht versteckt, in eine der dunkelsten Gassen der Altstadt führen.

Mich überkam ein ungutes Gefühl, aber mein Kumpel Hans wollte unbedingt in diesen Laden. Er suchte auch einen Ring für seine Freundin. Dem Lockvogel hinterher, sind wir in diesen Laden rein. Es war augenscheinlich wie im Paradies. Überall glitzerte es, Gold wohin man sah. Die Ringe waren schnell ausgesucht, Hans für seine Freundin und ich für meine liebe Frau. Wie es sich in diesem Land gehört, wurde natürlich auch verhandelt.

Prompt kam die böse Überraschung.

Plötzlich standen zwei Typen an der Eingangstüre hinter uns und sagten in einem guten Deutsch: „Die Ringe und euer ganzes Geld bleiben hier, legt alles auf die Theke". Wir schauten uns ungläubig an, und dachten wir sind im falschen Film.

Die Lage wurde recht schnell unangenehm, brenzlig und bedrohlich. Die Typen sprachen nun sehr laut, drohend, arabisch, keine Ahnung was sie sagten.

Mittlerweile standen auch zwei andere Männer vor uns, macht dann vier. Der eigentliche Verkäufer war nicht mehr zu sehen. Wer Angst hat, hat sowieso verloren, habe ich mir in dem Moment gedacht.

Angriff ist die beste Verteidigung.

Ich sagte zu den beiden Männern vor uns: „Okay passt auf, wir haben einen Preis ausgehandelt und genau diesen Preis werden wir für die beiden Ringe zahlen, nicht mehr und nicht weniger". Wir haben Beide die verhandelte Summe abgezählt und auf die Vitrinentheke gelegt.

Die beiden Typen lachten nur und sagten:

„Legt jetzt sofort euer ganzes Geld auf die Theke".

Mein Gedanke, jetzt oder nie! Es ging alles sehr schnell, ich griff das Geld und die Ringe, und steckte alles in meine Hosentasche. Hans schlug einem von dem vor uns stehenden Männern mit der flachen Hand ins Gesicht. Einer der Männer hinter uns stürmte auf uns zu, ich konnte ihn mit dem rechten Ellbogen genau unter dem Kinn treffen. Er sank wie ein nasser Sack zu Boden, k.o. Ich drehte mich und trat dem anderen, der auf mich zukam, in die Weichteile. In dem Moment packte Hans eine Statue, die auf der Vitrine stand, und schlug diese Statue dem andern vor uns stehendem Typen quer über den Kopf. In dem Durcheinander konnten wir Beide aus dem Laden fliehen. Die Ringe und unser Geld hatten wir dabei.

Die Männer schrien laut und wild hinter uns her, wir rannten fort durch die Gassen der Altstadt. Keine Ahnung wohin wir in diesem Moment rannten, wir rannten einfach so schnell uns die Beine trugen. Wir sind circa eine halbe Stunde durch Kairos Altstadt geirrt, bis wir schließlich ein Taxi anhalten konnten. Das Taxi brachte uns zurück ins Hotel. Das war haarscharf und hätte auch böse enden können, wir waren voller Adrenalin, und uns der wirklichen Gefahr nicht bewusst gewesen.

Dass wir nur ein paar Tage zuvor einen tödlich endenden Überfall gesehen hatten, wurde von uns in dieser Situation komplett verdrängt.

Bis dahin sicher der abenteuerlichste und gefährlichste Tag in meinem Leben, es sollten aber noch einige folgen.

-- Das Leben schreibt seine Geschichten ohne
Drehbuch und ohne doppelten Boden! --

Wir wurden des öftern abends von der Firma zum Essen eingeladen. An diesem Abend vor dem Heimflug ebenfalls, ich war allerdings in dieser Woche alleine vor Ort, wir besprachen unsere Fortschritte, und wie es weitergehen sollte. Nach dem Essen fuhr ich mit dem Taxi ins Hotel, packte die restlichen Sachen in meinen Koffer, und wollte ins Bett.

Ich bekam plötzlich starke Magenschmerzen mit Krämpfen. Ich schleppte mich unter stärker werdenden Krämpfen runter in die Lobby und fragte nach einem Arzt.

Das Hotel hatte eine eigene Notfallstation, der Arzt untersuchte mich und sprach von einer Magenverstimmung. Er spritzte mir etwas zur Beruhigung und verschrieb mir noch zusätzlich eine Arznei. Die netten Leute vom Hotel ließen die Medikamente in einer Apotheke holen. Es gab zwar einen Beipackzettel, der aber nur in arabischer Schrift verfaßt war. Durch die Spritze fühlte ich mich schon erheblich besser und wollte die Dame von der Rezeption nicht schon wieder belästigen.

Ich dachte mir: Morgen früh geht der Flug, wenn es zuhause nicht besser wird, gehst du dort zum Arzt. Im Flugzeug wurde es jedoch schlimmer, ich habe den halben Flug auf der Toilette verbracht.

In Amsterdam angekommen, wollte ich mir ein Taxi rufen, um ins Krankenhaus zu fahren. Der Taxifahrer sagte mir, dies würde so nicht gehen, ich müsste den Notruf wählen. Es war total egal, es ging mir sehr schlecht. Der Taxifahrer wählte den Notruf.

Der Krankenwagen holte mich ab und brachte mich ins Krankenhaus. Ich hatte eine Lebensmittelvergiftung und war im Begriff zu dehydrieren. Auf dem Rückflug hatte ich mich ja oft übergeben müssen und hatte dadurch viel Flüssigkeit verloren. Der Arzt gab mir eine Infusion mit zusätzlicher flüssiger Nahrung.

Ein weiterer Tag im Krankenhaus in meinem Lebenskalender. Am nächsten Tag flog ich weiter nach Maastricht. Ich hatte abends zuvor noch kurz bei meiner Frau angerufen, um sie zu beruhigen, ich sagte ihr:

Sie brauche sich keine Sorgen zu machen, es würde mir gut gehen. Mein Papa holte mich dann wie immer vom Flughafen ab.

In dieser Zeit, es war schon *1997*, in der ich zwischenzeitlich immer wieder in Deutschland war, passierte es sonntags oder samstags, ich weiß es nicht mehr ganz genau. In den Nachrichten lief es über den ganzen Tag. Ein Anschlag auf einen Touristenbus vor dem Museum in Kairo. Bei diesem Anschlag wurden neun Deutsche getötet. Ihr Bus war in die Luft gesprengt worden! Genau an dieser Stelle standen mein Kumpel und ich circa drei Wochen vorher. Das muss man erstmal verdauen. In der kommenden Woche dienstags sollte ich wieder nach Kairo fliegen. Zwei Nächte lang wurde diskutiert, soll ich das Risiko eingehen? Ich war mir aber ziemlich sicher, nach so einem Anschlag ist das Land sicherer als vorher, zudem muss ich nicht mehr nach Kairo ins Zentrum. Die Sache war klar, ich wollte fliegen. Ich bin geflogen, es sollte aber auch vorerst der letzte Flug nach Ägypten sein, meine Mission war beendet.

Auf dem Rückflug wurde es noch einmal abenteuerlich, wir gerieten in ein Gewitter mit extremen Turbulenzen. Wie so oft war ich auch diesmal wieder allein unterwegs.

Ein weiteres Mal hatte ich im Leben wirkliche Todesangst. Etwa eine halbe Stunde, es könnte aber auch eine Stunde nach dem Start gewesen sein, jedenfalls waren die Drinks und das Essen schon serviert. Die Stewardessen wurden von der einen auf die andere Minute hektisch. Sie fingen an, wie wild abzuräumen.

--Plötzlich !!--

Alle Lichter aus, es wurde laut, die Menschen schrien teilweise vor Panik. Einige Lichter blinkten auf, der Kapitän sprach:

„Bitte schnallen sie sich an, wir müssen durch dieses Unwetter, wir haben keine Möglichkeit das Unwetter zu umfliegen"!

Die Hölle tat sich auf. Es gab so heftige Luftlöcher, dass die Tabletts mit den restlichen Essen bis an die Decke geschleudert wurden. Chaos, es war das blanke Chaos.

Die Stewardessen hatten sich inzwischen auf ihre Sitze geflüchtet. Die Rollwagen, mit denen das Essen serviert wurde, schossen durch den Gang. Sauerstoffmasken kamen von der Decke runter, der Flieger drohte auseinander zu brechen.

Von meinem Fensterplatz aus sah ich Blitze und Regen. Es krachte gewaltig, es war nicht zu glauben, wir flogen mitten durch ein schweres Unwetter.

Die Tragflächen des Airbusses schlugen wie die Flügel eines Adlers. Mein Gedanke in dem Moment: Die Tragflächen halten das niemals aus. Irgendwie haben sie diese enorme Belastung doch ausgehalten. Keine Ahnung wie. Es dauerte lange bis wir durch dieses Unwetter waren. Die meiste Zeit habe ich gebetet.

Vorbei sollte es aber noch nicht sein.

Dreieinhalb Stunden später sollten wir auf dem Amsterdamer Flughafen Schiphol landen. Der Pilot teilte uns mit, dass sich das Fahrwerk nicht ausfahren ließ.

Das fehlt jetzt noch, dachte ich mir. Wir überflogen zweimal die Landebahn in geringer Höhe, die herbeigerufenen Experten versuchten mit Kameras vom Boden aus zu sehen, ob sie ein Problem erkennen konnten. Über die Lautsprecher kam die Anweisung. „Bitte bleiben sie angeschnallt und beugen sie sich nach vorne, den Kopf auf die Knie".

Wieder einmal in meinem Leben dachte ich, das wars dann. Im dritten Anflug legte der Pilot eine harte Landung auf einem Schaumteppich hin. Es knallte und krachte ungeheuerlich. Nach dem Stillstand entlud sich, nach einer gefühlten Ewigkeit, die Anspannung mit tosendem Applaus und wildem Jubel, wir alle waren überglücklich.

Wir mussten dann das Flugzeug über die Notrutschen verlassen, das muss man mal erlebt haben!

Das Gefühl nach so einem Flug, endlich wieder festen Boden unter den Füssen zu haben, ist unbeschreiblich.

Meinen Anschlussflug, von Schiphol nach Maastricht, habe ich ohne mich fliegen lassen. Mein Vater sollte mich ja eigentlich in Maastricht abholen.

Pap ist aber dann dankbarerweise nach Amsterdam gekommen. Nach diesem Flug war ich verstört und hatte erstmal genug vom Fliegen, und hätte an diesem Tag nicht wieder in ein Flugzeug steigen können. Letztlich war dies ein spektakulärer Abschluss eines tollen Jobs.

1996 habe ich zwischendurch im März in Saarbrücken meinen ersten Fitness - Trainerschein gemacht.

Ich wollte mein Hobby zum Beruf machen und habe dafür ein Fernstudium mit Abschlusslehrgang begonnen.

Meine Abschlussprüfung samt zweitägigem Abschlusslehrgang fand damals in Saarbrücken statt, und ich habe die Prüfungen mit der Note eins bestanden. Einmal angefangen, machte ich die nächsten Trainerscheine im Spätsommer des gleichen Jahres. Ich flog eine Woche nach Lanzarote um dort meinen Trainerschein auf eine Fitnessstudioleiter Qualifikation zu erweitern, eine

Fitness Trainer B-Lizenz mit Studioleiterqualifikation. Zungenbrecher.

Start der intensiven Woche war der Flughafen Hannover. Auf Lanzarote angekommen ging es per Bus nach Arrecife ins Hotel, wir konnten uns kurz frisch machen, dann ging es direkt weiter zum Mittagessen mit Besprechung des Wochenablaufs. Nachmittags folgten die ersten beiden Stunden theoretischer Unterricht.

Abends haben wir Teilnehmer und Ausbilder uns dann in gemütlicher Runde etwas besser kennen lernen können.

Der Tagesablauf der ersten drei Tage war relativ gleich; Frühstück, zwei Stunden Theorie, danach zwei Stunden praktische Übungen. Nachmittags war der Ablauf ähnlich.
Ab dem 3. Tag hatten wir dann nachmittags etwas mehr Zeit zur freien Verfügung. Wir sind gegen 15 Uhr aufgebrochen. Unser Ziel war das ehemalige Haus von Schauspieler Omar Sharif. Ein Traumhaus direkt in den Felsen gebaut. Wir wurden von einem Tourguide durch das Anwesen geführt. Dann das unglaubliche!
Wir hatten später eine Pool-Grillparty auf dem Anwesen. Eine sehr gelungene exklusive Überraschung von unserem Veranstalter.

--Einfach nur vom Feinsten.--

Am nächsten Nachmittag durften wir eines der Meisterwerke des spanischen Künstlers César Manrique besuchen:

Den Lavatunnel

Der Lavatunnel Jameos del Agua wurde von Manrique umgebaut. Es entstand ein Konzertsaal mit 600 Sitzplätzen, der
1977 eröffnet wurde. Eine Lagune innerhalb einer Lavagrotte
beherbergt eine blinde Albino-Krebsart, die eigentlich nur in
Tiefen von 2000 Metern am Ozeangrund lebt.

Jameos del Agua gehört mit seinem Salzsee, der subtropi-
schen Pflanzenwelt, der atemberaubenden Flora und Fauna
und dem Konzertsaal in der Lavahöhle zu den Highlights auf
Lanzarote.

kurzer Abstecher zum Familienurlaub 1993

Die Lavahöhle durfte ich unter anderem auch schon ein paar
Jahre vorher mit meiner Familie, bei einem Urlaub auf den
Kanaren, bestaunen.

Ich war zusammen mit meiner Frau und unserer Tochter
vierzehn Tage auf Fuerteventura. Es war ein wunderschöner
Urlaub.

An einem Tag haben wir mit der Fähre nach Lanzarote übergesetzt. Wir hatten diese Tour zusammen mit zwei weiteren Familien, die in der gleichen Appartementanlage wohnten, gebucht.

Der Tag war ziemlich durchgetaktet. Wie gesagt, waren wir auch im Lavatunnel, unser Nachbar hatte seine Videokamera dabei und wollte alles filmen, natürlich auch die blinden weißen Krebse.

Er stieg dafür über eine kniehohe Absperrung, und ging ein paar „Stufen" ins Wasser um besser filmen zu können. Er beschwerte sich, dass er überhaupt keine Krebse sehen würde, in dem Moment stand auch schon ein Mitarbeiter der Anlage an der Absperrung und bat unseren Nachbarn, höflich aber fordernd, direkt aus dem Wasser zu kommen. Die Krebse sind nur ein paar Millimeter groß und mit bloßem Auge kaum zu erkennen, dass hätte man ihm besser zuvor gesagt. Nachmittags ging es dann mit dem Bus über eine schmale Straße, kaum breiter als der Bus, hoch zu einem noch aktiven Vulkan, oben angekommen durften wir dieses Naturschauspiel aus der Nähe bestaunen.

Beim Heimflug kam kurz nach dem Start die Durchsage der Stewardess: „Bitte schnallen Sie sich wieder an, wir müssen auf Lanzarote zwischenlanden, wir haben Probleme mit einem Triebwerk". Auch nicht schlecht, dachte ich mir, gerade in der Luft, und dann wieder runter. Die Maschine wurde gecheckt und nach zwei Stunden konnten wir wieder starten. Ein mulmiges Gefühl war mit an Bord, der Flug verlief aber ohne Probleme, und wir konnten sicher in Düsseldorf landen.

zurück ins Jahr 1996

Der nächste Tag war ganz der Vorbereitung zur schriftlichen
Prüfung gewidmet. Vorletzter Tag auf der Insel, schriftliche
Prüfung. Die schriftliche Prüfung war der erste Teil des Ab-
schlusses. Zum Erlangen der Trainer B-Lizenz mussten wir
noch eine zwanzig Seiten lange Hausarbeit schreiben. Das
Thema durften wir aus fünf verschiedenen Bereichen aus-
wählen.

  Der letzte Nachmittag war zur freien Verfügung. Abends
gab es noch eine gelungene Abschlussparty. Eine erfahrungs-
reiche Woche auf Lanzarote, in der wir viel gelernt und auch
viel gesehen haben. Untergebracht waren wir in einem First-
Class-Hotel mit Pool auf der Dachterrasse im zehnten Stock,
ein Traum.

Wir hatten fast jeden Tag acht Stunden Unterricht und haben
am Abend auch noch etwas von der Insel sehen können. Ein
tolles Erlebnis, welches ich auch mit einem positiven Ergebnis abgeschlossen habe.

Mittlerweile darf ich mich Lehrer für Fitness, Gesundheit
und Sportrehabilitation nennen.

Nach der Ankunft des Heimfluges kam dann im Parkhaus des Flughafens die nächste Überraschung. Ich hatte wohl vergessen das Licht des Autos auszumachen, denn die Batterie war leer, und der Wagen ließ sich nicht starten.

Ein Starterkabel hatte ich nicht dabei, so musste ich erstmal jemanden finden der mir hilft, entweder den Wagen anzuschieben, oder mit einem Starterkabel zu starten. Da ich ja mit ein paar anderen starken Jungs unterwegs war, konnten wir den Wagen anschieben, und er sprang auch recht schnell an.

Die Heimfahrt konnte ich dann gegen 20:00 Uhr antreten, ohne weitere Probleme erreichte ich gegen 02:00 Uhr in der Nacht mein Zuhause.

1997 – Die erste Kinderkommunion unserer Familie

Die Kinderkommunion unserer Tochter stand in diesem Jahr auf dem Programm. Meine Frau und unsere Tochter waren, als wir uns kennen lernten, nicht getauft. Kein Problem.

Als ein paar Jahre später unser Sohn geboren wurde, beschlossen wir die beiden Kinder gemeinsam taufen zu lassen. Meine Frau wollte sich ebenfalls taufen lassen, aber die Kirche machte es ihr nicht gerade leicht, und meine Frau entschied sich dann dagegen.

Der Pastor war `alt eingesessen´ und wollte unsere Tochter zuerst nicht taufen. Er vertrat die Meinung:

Weil sie nicht vor Gott verheiratet sind, darf ihre Tochter nicht getauft werden. Das muss man sich mal anhören, unglaublich!

Ich schrieb dem Bischof der Domstadt einen langen Brief, er entschied daraufhin, dass unsere Tochter getauft werden sollte.

Bei den Kommuniontreffen der Eltern mit dem Pastor, machte der Pastor ein paar nicht einzuordnende Bemerkungen.

Am Kommunionstag saßen die Kinder mit ihren Eltern in der Kirche in den ersten drei Reihen. Zum Empfang der ersten heiligen Kommunion standen die Kinder mit den Eltern zusammen nacheinander vor dem Pastor, wir natürlich auch. Der Pastor gab unserer Tochter die erste Kommunion.
Meine Frau bekam keine, sie war ja nicht getauft und kein Mitglied in der Kirche. Ich hielt meine Hände auf um die Hostie entgegenzunehmen.

--Die Zeit stand still. –

Der Pastor verweigerte mir die Hostie. Durch meine erzogene Höflichkeit nickte ich und machte für den Moment gute Miene zum bösen Spiel.

Nach dem Hochamt fragte unsere Tochter sofort:

„Papa warum hast du keine Hostie bekommen"? Ich konnte es nicht erklären. Ich entschuldigte mich kurz bei meiner Frau und Tochter und ging in die Sakristei, in der sich Pastor und Messdiener umzogen.

Ich sprach den Pastor recht aufgebracht an.

„Warum haben sie mir die Kommunion verweigert, ich bin getauft und ein so ebenbürtiges Mitglied der Kirche wie sie". Er meinte, nein, sie sind der heiligen Kommunion nicht würdig. Er führte weiter aus, ich würde in einer wilden Ehe ohne Gottes Segen leben und dürfte deshalb die Kommunion nicht empfangen. In dem Moment kam mein Vater in die Sakristei und beruhigte die zu eskalierende drohende Situation.

Wieder einmal in meinem Leben war ich sprachlos.
Es sollte auch nicht das letzte Mal sein.

1998 – Ausbildung zum Versicherungsfachmann

Ich entschied mich dazu, nochmal komplett neu durchzustarten. Eine Ausbildung zum Versicherungsfachmann sollte es sein. Ich hatte zuvor bei einem Bekannten in diesen Beruf reingeschnuppert. Die Ausbildung war damals wirklich eine Herausforderung.

In der ersten Woche war ich in der Agentur eingesetzt, um erst einmal System und Ablauf kennen zu lernen. Zu dieser Zeit war unser erster eigener Laptop ein Wunderwerk der Technik. Ich musste mich mit dem Programm beschäftigen. Da ich an neuer Technik immer interessiert war, konnte ich es schnell verstehen.

Zum Ausbildungsstart waren wir 23 motivierte junge Menschen, mit sehr unterschiedlichen Vorkenntnissen. Neu starten war für alle gleichermaßen das Motto.
In der zweiten bis zur fünften Woche wurden wir deshalb in einem Hotel im Westerwald einquartiert. Es waren keine anderen Gäste im Hotel. Das kleine Hotel war exklusiv für uns gebucht. An jedem Tag standen acht Stunden Powerunterricht auf dem Programm.
Die Köpfe qualmten und mussten an so manchem Abend mit ein paar kühlen Drinks an der Hotelbar zurück ins Lot gebracht werden. An einigen Abenden haben wir auch mit ein paar Kollegen die sich im Nachbarort befindliche Kartbahn unsicher gemacht.
Kartfahren ist ein Riesenspaß.

Der erste Teil des Blockunterrichtes war nach 3 Wochen intensiven Lernens absolviert. Es folgte wieder eine Woche Agentureinsatz

Zurück im Westerwald folgten die nächsten 3 Wochen des Powerprogramms. Zur Abwechslung und zur Schulung der Redegewandtheit wurden wir in Zweiergruppen in die nächstgelegene Stadt gebracht. Wir sollten Menschen ansprechen oder an Häusern klingeln und gute Gespräche führen. Aber nicht über Versicherungen, sondern über irgendetwas.

Die haben einen Knall, war die einhellige Meinung dazu. Letztlich aber haben wir sehr interessante Gespräche geführt. Es ist schon erstaunlich, was fremde Menschen einem alles so anvertrauen und erzählen. Eine tolle lehrreiche Erfahrung, die ich nicht missen möchte.

In der letzten Woche wurden wir auf die erste große Praxisphase vorbereitet. Nun war spätestens allen Beteiligten klar:

Wir werden Verkäufer!

Wir wurden jeweils einer uns nicht bekannten Agentur in einer Stadt im Ruhrgebiet zugewiesen.

Es gab noch an zwei Tagen ein spezielles Telefontraining. Dann ging es los. Termine machen, live und in Farbe. Die ersten Telefonate waren noch etwas holprig, aber es wurde schnell besser.

Learning by doing. Übung macht den Meister.

Die Praxisphase fand wie gesagt in einer größeren Stadt im Ruhrgebiet statt. Fremde Stadt, fremde Kunden, eine echte Herausforderung und Bewährungsprobe.

Es gab noch keine Navigation fürs Auto, fürs Handy erst recht nicht. Damit ich nicht wie wild hin und her fahren musste, habe ich die Termine mit Hilfe einer Stadtkarte geplant. Heute in dieser Form nicht mehr vorstellbar. Start der Praxis-Phase war mittwochs mit dem Einchecken im Hotel. Zunächst wurde der Ablauf noch einmal besprochen. Dann ging es auf die Zimmer, die Vorbereitungen auf die ersten Termine standen an.

Samstagmorgen nach dem Frühstück wurde die vergangene Woche besprochen und dann ab nach Hause. Sonntagabends wieder einchecken im Hotel.

Montags nach dem Frühstück wurde uns dann immer die „Rennliste" präsentiert. Zweigeteilt mit einem roten Strich in der Mitte. Allen Teilnehmern, die gute Resultate erreicht hatten und über dem Strich standen, wurde gesagt: Gut gemacht, schaut dass ihr in der nächsten Woche über dem Strich bleibt. Die Teilnehmer, die unter dem roten Strich standen, wurden motiviert in der nächsten Woche über dem roten Strich zu stehen.

Schon in der zweiten Woche erlitt ich ein Trauma, welches mich heute noch manchmal begleitet. Bei einem der Kundentermine musste ich in ein Hochhaus, der Kunde wohnte im achten Stock. Rein in den Aufzug, der war ein altes Modell, war eher wie eine Blechdose, ohne Spiegel oder anderen Komfort. Ich drückte den Knopf für den achten Stock und los ging die wilde Fahrt. Gefühlt nach fünf Sekunden blieb der Fahrstuhl stehen. Mein Gesicht hätte ich in diesem Moment gerne gesehen. Ich drückte nochmal die Taste mit der Nummer 8.

Nichts passierte, der Aufzug zeigte keinerlei Reaktion, und ich dachte:

Oh shit Frau Schmitt, das kann doch jetzt nicht wahr sein.

Ich realisierte recht schnell, dass der Aufzug feststeckte. Der rettende Knopf für den Notruf funktionierte ebenfalls nicht, Handynetz, Fehlanzeige. Was nun?

Nach einiger Zeit wurde mir etwas mulmig, was passiert, wenn mich keiner findet, was wenn heute keiner mehr den Aufzug benutzen muß?

Es dauerte über vier Stunden bis sich der Fahrstuhl plötzlich, wie von Geisterhand, in Bewegung setzte. Ein Bewohner des Hauses hatte den nicht funktionierenden Fahrstuhl bemerkt und den Techniker gerufen.

Der Techniker konnte wohl recht schnell den Defekt reparieren und den Fahrstuhl wieder in Gang bringen. Für mich war der Tag gelaufen. Vier Stunden im Fahrstuhl zu stecken, ohne Ausweg, ohne zu wissen wie dieser Tag endet, das war heftig. Seit diesem Tag steige ich nur noch in einen Fahrstuhl, wenn es sich nicht vermeiden lässt. Es ist immer noch ein beklemmendes Gefühl einen Fahrstuhl zu betreten.

Die Praxisphase war eine extreme Herausforderung für alle Beteiligten, für manche war es einfach zu anstrengend. In den vier Wochen gaben acht Azubis auf.

Von den 23 gestarteten Auszubildenden machten am Ende nur 12 die Abschlussprüfung.

Immerhin bestanden wir 12 die Abschlussprüfung vor der IHK.

Soweit ich weiß, sind aktuell noch acht von uns in der Branche tätig. Es ist kein leichter Job. Man muss dafür geboren sein und ein gewisses Talent mitbringen. Kein Job für Jedermann.

1999 – Wir haben unser Haus gebaut

In meinem Heimatort wurde ein neues Baugelände genehmigt, und wir konnten ein Grundstück erwerben.

Unser Hausbau dauerte nur ein knappes Jahr vom Kelleraushub bis zum Einzug. Wie auf dem Dorf so üblich, haben wir fast alles selber gemacht. Familie, Freunde und Bekannte haben fleißig mitgeholfen. Es war eine anstrengende aber auch schöne Zeit.

Ich habe meinen Schwieger-Stiefvater im Spreewald geholt, er ist Maurer und hat mit einem Freund zusammen, und riesiger Unterstützung durch meinen Vater, den größten Teil der Maurerarbeiten übernommen.

Das „Eisenlegen" für die Betondecken habe ich mit Hilfe meines Onkels gemacht. Um die komplette Elektroinstallation konnte ich mich selber kümmern. Den Klinkerstein hat ebenfalls ein Freund von uns gesetzt.

Mit ihm war ich mehrmals als Handlanger in der Domstadt am Rhein unterwegs. Es war anstrengend aber immer lustig, dass kann sich der ein oder andere, der dies jetzt liest, nicht vorstellen.

Während der ganzen Bauzeit gab es nur einen dramatischen Zwischenfall. Beim Dachstuhl mussten die Querbalken eingezogen werden. Einer unserer Maurer wollte helfen und den schweren Balken von unten stützen. Da passierte es! Dem Zimmermann glitt der Balken aus den Händen. Paul reagierte zwar schnell, konnte aber nicht verhindern, dass er vom herunterstürzenden Balken getroffen wurde. Die Schulter und der rechte Arm waren danach zwei Wochen lang grün und blau. Aber wie durch ein Wunder hatte Paul nichts gebrochen.

Wäre der Balken auf Pauls Kopf gelandet, daran mag ich gar nicht denken.

Zu dieser Zeit hatte es auch zum zweiten Mal in unserer alten Wohnung gebrannt. Meine Frau war auf ihrer Arbeitsstelle, ich war auf der Baustelle. Meine Schwägerin Lisa aus Berlin war allein in der Wohnung. Ich ging zum Auto, um mit meinem Handy einen Lieferanten anzurufen.

Auf dem Display waren 17 Anrufe in Abwesenheit, meine Schwägerin hatte sturm geklingelt.

Ich rief sofort meine Schwägerin an, sie war ziemlich durch den Wind und berichtete aufgeregt, es habe in der Wohnung gebrannt. Die Feuerwehr hatte den Brand gelöscht. Ich fuhr sofort zu ihr in die Wohnung.

Eine Schraube im Sicherungskasten an einem Sicherungsautomaten war, so vermute ich, bei der Installation zu fest angedreht worden, über die Jahre war die Schraube gebrochen und hatte dadurch einen Kurzschluss verursacht.

Meiner Schwägerin war der verschmorte Geruch zwar aufgefallen, sie fand aber keine Ursache dafür. Kurze Zeit später stand der Sicherungskasten in Flammen.

Die rechtzeitig eintreffende Feuerwehr konnte mit dem eingesetzten Löschschaum schlimmeres verhindern. Lisa wurde kurz von den Sanitätern untersucht und befragt, konnte den Schockmoment aber gut verarbeiten.

Im selben Jahr haben Freunde aus der Clique geheiratet.

Die Hochzeiten unserer Clique waren immer Events und Party pur. Die Clique hat für den Hochzeitsabend eine Show auf die Beine gestellt, damals war die 100.000 Mark Show mit Ulla Kock am Brink in aller Munde.

Die Show wurde so gut es ging nachgestellt. Spannende, unterhaltsame Spiele mit reichlich Spaß. Für den Musik-Act der Show konnten wir die damals aufstrebenden Stars aus dem Osten gewinnen: Die Ö- lapalöma Boys.

Mein Kumpel Jonathan und ich hatten unseren großen Auftritt. Mit Playback unterlegt wurde live gesungen.

Öööö lapalöööma Blannnnkaaaaa. Ein Träumchen.

Ein paar Monate zuvor hatte ich auf dem Weg zur Domstadt auf der Autobahn einen Schreckmoment.

Mein Herz polterte und hatte „Aussetzer", ich bekam keine Luft und konnte nicht mehr durchatmen. Panik machte sich breit.

Ich bin beim Rastplatz Frechen von der Autobahn gefahren und direkt in die Polizeistation gegangen.

Dort schilderte ich dem Beamten mein Problem, dann ging alles sehr schnell, Rettungswagen, Blaulicht, Richtung Krankenhaus. Im Rettungswagen wurde ich direkt verkabelt und bekam eine Sauerstoffmaske aufgesetzt. Als die Türen des Rettungswagens geschlossen wurden und wir mit Blaulicht losfuhren, dachte ich, dass war es dann. Es folgte eine Woche im Krankenhaus in Frechen, man hat mich auf „Herz und Nieren" geprüft.

Am zweiten Tag des Krankenhausaufenthaltes hatte ich ein surreales Erlebnis. Mein Zimmernachbar war etwas verstört und wohl auch geistig krank, er wurde nachts immer angeschnallt und gab komische Laute von sich.

Ich musste morgens zur Untersuchung, als ich von dieser zurück in mein Zimmer kam, saß mein Zimmernachbar auf seinem Bett und aß seine eigene vollgepinkelte Windel. Sprachlos klingelte ich nach einer Schwester, die kam und nahm dem Patienten die Windel unter dessen Protest ab. Ich verlangte nach einem Arzt und wollte verlegt werden.

Zuerst nachts diese angsteinflößenden Laute, und dann das. Man teilte mir mit, dass momentan in keinem anderen Zimmer ein Bett frei wäre. Ich empfand es als Zumutung, weiterhin in diesem Zimmer schlafen zu müssen, schließlich hatte ich ja Herzprobleme, und wusste nicht wie schlimm es war.

Am nächsten Morgen nach einer weiteren Untersuchung, wieder zurück im Zimmer, wurden meinem Nachbarn gerade die Haare geschnitten, das hatte ich auch noch nicht erlebt, ein Irrenhaus ist das hier, dachte ich mir.

Zu meinem Erstaunen hatte der Patient meine Sachen an. Ich fragte den Pfleger: „Was soll das, der hat meine Hose und mein T-Shirt an?" Der Pfleger sagte mir, der Patient hätte ihm nach dem Waschen gesagt, es wären seine Sachen, deshalb hatte er ihm meine Kleidung angezogen.

Nun reichte es mir!

Ich konnte dann doch noch die Verlegung in ein anderes Zimmer erwirken, der diensthabende Arzt entschuldigte sich anschließend für die Unannehmlichkeiten bei mir.

Wie sich bei den Untersuchungen herausstellte, hatte ich Herzrhythmusstörungen.

Warum das Herz damals, und manchmal auch noch heute, die gefühlten Aussetzer hat, konnte man damals nicht ermitteln. Mittlerweile, einige Jahre und Untersuchungen später, weiß ich, es sind extra Systolen des His´sches Bündels. Der Taktgeber setzt manchmal aus, in der Sekunde übernimmt dann einer der Untertaktgeber. Dies fühlt sich so an, als ob das Herz einen Aussetzer hat.

Gefährlich ist es nicht, es ist nur ein komisches, unangenehmes Gefühl.

2000 – Beginn meiner Selbstständigkeit

In der Mitte des Jahres machte ich mich selbständig.

Personal- Fitnesstrainer und Vermittlungen von Versicherungen. Ich arbeitete mit verschiedenen Klienten im Versicherungsbereich zusammen, und arbeitete in mehreren Fitnesscentern als Fitnesstrainer.

Meine Hauptaufgabe im Studio war die Betreuung der Mitglieder auf der Trainingsfläche. Ernährungsberatung und Trainingsplanerstellung waren „mein tägliches Brot". Wenn Not am Mann war, habe ich auch Spinning-Kurse und Tai-Bo-Kurse gegeben. Durch meine umfangreiche Ausbildung konnte ich in allen möglichen Bereichen einspringen. Sogar einen Aerobic Trainerschein besitze ich.

In dieser Zeit lernte ich auch einen meiner besten Freunde kennen. Obwohl er schon lange nicht mehr hier in Deutschland lebt, sind wir auf eine ganz besondere Art miteinander verbunden. Er kommt mit seiner Frau in der Regel einmal im Jahr für ein paar Wochen in unsere Stadt, um die Mutter seiner Frau zu besuchen. Wir versuchen uns in dieser Zeit so oft es geht zu sehen. Es gibt immer interessante Themen und News, die wir bei einer Tasse Cappuccino in der Eisdiele unseres italienischen Bekannten besprechen.

Es ist schön, wenn man im Leben Freundschaften hat, die über so viele Jahre bestehen, diese sollte man pflegen.

In den frühen 2000er habe ich durch meine Kontakte zur Fitness Branche für einen großen Hersteller Fitness-Uhren vertrieben.

Zeitgleich habe ich eine große amerikanische Uhren-Marke wieder auf dem deutschen Markt mit einem Onlineshop aufleben lassen.

-- Life is ticking and never stop exploring. --

-- Immer weiter, immer weiter. --
-- Immer weiter, das ist mein Motto bis dato. --

2001 – Schicksal und eine neue Herausforderung.

Der 3. Januar war mal wieder so ein Schicksalstag.

Nachdem ich gegen 22:15 meine Schicht im Fitnessstudio beendet hatte, machte ich mich auf den Weg zum Geburtstag eines Kumpels. In einer langgezogenen Linkskurve wurde ich vom Gegenverkehr durchs Fernlicht geblendet, so dass ich nach rechts von der Straße abgekommen bin. Ich konnte das Auto so gerade noch durch die Kurve bringen, verlor aber die Kontrolle über mein Auto. Der Wagen schoss quer über die Fahrbahn nach links in eine Böschung. Ein Schutzengel sorgte wohl dafür, dass mir in dem Moment kein weiteres Auto entgegenkam. Mein letzter Blick galt den auf mich zukommenden Bäumen, ich schloss die Augen und dachte wieder einmal, das wars.

Der Wagen fällte regelrecht mehrere kleine Bäume, rollte auf die rechte Seite und blieb auf einem umgestürzten Baum liegen. Als ich die Augen wieder öffnete, dachte ich zuerst der Wagen brennt, aber es war nur das Talkum, welches sich beim Auslösen der Airbags im ganzen Wagen verteilt hatte. Ich lag etwas benommen auf dem Boden, und musste erst einmal die Orientierung finden. Ich befand mich auf der Türe der Beifahrerseite, konnte aufstehen und die Fahrertüre nach oben öffnen, und somit den Wagen verlassen. Es muss eine Schar von Schutzengel an Bord gewesen sein. Ich war nicht angeschnallt und hatte, wie durch ein Wunder, keine größeren Verletzungen erlitten.

Der Krankenwagen brachte mich ins Krankenhaus, wieder einmal. Um innere Verletzungen auszuschließen, wurde ich eingehend untersucht, und durfte in dieser Nacht wieder nach Hause. Mein Vater holte mich später zusammen mit meiner Frau ab.

Zuvor war meine Frau schon zum Geburtstag vorausgefahren. Einer unserer Freunde kam auch zur Feier und erzählte, dass er gerade auf der Landstraße gesehen hatte wie einer „abgeflogen" war, er erzählte, dass es übel aussah. Kurz danach rief mein Vater bei meinem Kumpel an um meiner Frau mitzuteilen, dass ich einen schweren Autounfall hatte. Man kann sich sicher vorstellen, wie groß ihre Aufregung und Angst war, bis sie mich sah.

Der Wagen erlitt einen Totalschaden, trotzdem konnte ich den Unfallwagen noch zu einem guten Preis verkaufen. Das Auto war gerademal fünf Monate alt, und somit war der Motor ja praktisch noch neu. Ich rief einen Freund an, der hatte zu diesem Zeitpunkt eine Kfz-Werkstatt, und fragte ihn: Kennst du jemanden der Unfallautos kauft? Ich berichtete ihm, dass ich einen Unfall hatte und dass der Wagen nahezu schrottreif sei. Wir fuhren einen Tag später zum Abschleppdienst, und holten den Wagen in seine Werkstatt.

Mein Freund hatte in der Zwischenzeit einige Händler angerufen. Die Autohändler kamen am frühen Abend in die Werkstatt, und ich habe das Auto höchstbietend an einen der Händler verkaufen können.

Ein halbes Jahr später bekam ich samstagmorgens einen Anruf, der Anrufer wollte wissen, ob ich der Vorbesitzer des Fahrzeuges mit dem früheren Kennzeichen „XY" war. Ich sagte: „Ja, warum fragen sie"? Er erzählte mir, dass er dieses Fahrzeug in Belgien gekauft hätte.

Da die Winterreifen auf dem Wagen montiert waren, wollte er wissen ob ich noch die Originalalufelgen habe. Ich sagte:

„Ja, die liegen hier bei mir in der Garage". Wir einigten uns auf einen Preis und der junge Mann holte am gleichen Tag die Felgen ab. Er brachte mir sogar noch die CD`s mit, die im Kofferraum montierten CD-Wechsler gewesen waren. Der Wechsler ließ sich nach dem Unfall nicht mehr öffnen, er hatte es aber geschafft ihn zu reparieren. Der junge Mann war Autoschlosser und hatte den Wagen wieder komplett aufgebaut. Respekt, so wie der Wagen nach dem Unfall ausgesehen hatte, hätte ich dies nicht für möglich gehalten.

Schon im Jahr *2001* kam ich auf den Gedanken ein eigenes Fitnessstudio aufzubauen.

Aufgrund dessen, dass ich in der Fitnessbranche selbstständig tätig war und als freier Fitness- und Personaltrainer arbeitete, erschien mir das als logische Folgerung.

Mit mehreren guten Bekannten planten wir fleißig drauflos. Wir trommelten die Leute dafür zusammen und sprachen andere Bekannte an, ob sie nicht mit investieren möchten. Wir haben es geschafft, wir wurden mehrere Teilhaber, was sich im Nachhinein jedoch als keine gute Idee herausstellte. Zu viele Köche verderben oftmals den Brei!

Seit knapp anderthalb Jahren war ich nun selbstständig als Personal-Fitness-Trainer unterwegs, aber die Fitnessscene ist wie eine Familie, die Trainer kennen sich alle gut untereinander. Es sprach sich sehr schnell herum, dass ich mich an einem Studioneubau beteiligen wollte. Es wurde somit für mich immer schwerer einen Trainerjob als freier Mitarbeiter in einem Fitnesscenter zu halten. Die Betreiber der Studios hatten Angst, ich würde ihre Kunden fürs neue Studio abwerben.

Oktober 2001 - Spatenstich!

Auf dem neuen Grundstück stellten wir einen Verkaufswagen mit Trainingsgeräten auf. Der Vorverkauf der Mitgliedsverträge konnte beginnen. Ab diesem Tag konnte ich sicherlich nicht mehr in einem anderen Studio als Trainer arbeiten, doch Not macht erfinderisch. Ich musste etwas tun, um finanziell über die Runden zu kommen.

Taxifahrer war nun mein vorübergehender Job. Herkömmliches Taxifahren im Sinne von, abends an der Disko stehen und darauf zu warten, die meist angetrunkenen Gäste nach Hause zu fahren, dies wollte ich nicht. Ich hatte mit einem Taxiunternehmer gesprochen, der suchte für frühmorgens und für die Mittagszeit einen zuverlässigen Fahrer. Ich fuhr ab da behinderte Kinder zur Schule. Die Tour dauerte immer circa 45 Minuten. Morgens sammelte ich vier Kinder in verschiedenen Orten der Reihe nach ein, und brachte die Kids zur Schule. Mittags nach Schulschluss die gleiche Tour, nur in umgekehrter Reihenfolge.

2001 waren leider auch die fürchterlichen Anschläge auf das World Trade Center in Amerika.

Schrecklich, wer kann sich nicht daran erinnern.

Wir, meine Partner und ich, saßen gerade bei einer Baubesprechung bezüglich unserer neuen Anlage, als wir auf allen Kanälen der Nachrichtensender diese schrecklichen Bilder sahen.

Am gleichen Abend fuhren wir zu unserem geliebten Fußball-Club ins Ruhrgebiet. Unser Verein spielte zum ersten Mal in der Champions League. Eigentlich ein tolles Ereignis. Man kann sich aber sicherlich vorstellen, dass dies kein normales Spiel werden konnte.

Die Menschen standen alle im äußeren Bereich der Arena vor den Bildschirmen, und keiner hatte wirklich richtig Lust ins Stadion zu gehen.

Randbemerkung, das Spiel hat unsere Mannschaft mit 0:1 gegen einen griechischen Verein verloren.

2002 – Eröffnung des Fitnessstudios

Im Mai des Jahres sollte nun endlich einer meiner großen Lebensträume in Erfüllung gehen. Ich wurde Mitinhaber eines neu errichteten Fitnessstudios und hatte somit mein Hobby zum Beruf gemacht.

Wir hatten drei Tage vor der eigentlichen Eröffnung ein Pre Opening geplant. Der originale Trainingstruck wurde uns vom Hersteller zur Verfügung gestellt.

Live Musik, eine Hüpfburg für die Kids, wir hatten an alles gedacht. Nur nicht ans Wetter.

Zu diesem Zeitpunkt hatten wir schon einige Hundert Mitgliedsverträge verkauft.

2002 war wohl seit langem der heißeste Sommer, den wir erlebt haben, und wir eröffneten ein Fitnessstudio.

Welche Ironie, unsere Klimaanlage funktionierte leider nicht wirklich. Das traurige daran war, dass der Klimaanlagenbauer die Anlage nicht in den Griff bekam. Er war anscheinend nicht wirklich in der Lage die Anlage zu 100 Prozent funktionsfähig zu machen.

Das Studio lief sehr gut an. Alle Mitglieder mussten in ein komplett neues Trainingssystem eingeführt werden. Jedes Mitglied bekam einen Trainingsschlüssel, dieser Schlüssel wurde mit dem Trainingsplan programmiert. Mit einem Trainer an der Seite ging es nun zum Training an die Geräte. Die Bewegungen wurden auf dem Schlüssel gespeichert und zusätzlich auf einem Display angezeigt. Der Trainierende konnte somit fast keinen Fehler mehr beim Training machen. Hightech pur! Unsere Anlage war die erste in der Region, die dieses System angeboten hat.

Die Tage waren lang. Geöffnet hatten wir jeden Tag von 9 Uhr morgens bis 23 Uhr abends. Samstag und Sonntag ebenfalls.

Wir haben in den Jahren eine Menge Events veranstaltet: Von der Poolparty im Sauna Außenbereich bis zum Karaoke Abend auf der riesigen Leinwand. Auf der Leinwand haben wir z.B. samstags die Fußballbundesliga gezeigt. Formel eins, Boxen und die Fußball WM! Es war neben dem Training immer eine Menge los bei uns. Manchmal hatte unser ernannter Geschäftsführer aber vor einem Event vergessen genügend Getränke zu bestellen. Dann mussten wir zu einer befreundeten Tankstelle, um Bier zu holen. Wir haben anstelle von gezapftem Bier eben Flaschenbier ausgeschenkt. Der Stimmung tat dies keinen Abbruch.

An einem Morgen hörte ich beim Frühstück im Radio von der Neueröffnung eines Fitnesscenters inklusiver Soccerhalle. Der Moderator suchte noch Betriebsmannschaften für das Eröffnungsfußballturnier. Spontan bewarb ich mich über die angegebene Hotline-Telefonnummer, und wurde prompt vom Moderator zurückgerufen. Mein erster Live-Radioauftritt. Wir besprachen einige Details zum Turnier und ich erzählte ihm, dass ich auch Betreiber einer Fitnessanlage sei, der nette Mann vom Radio fand dies eine tolle Sache, und lud zum Fußballturnier ein. Das Turnier sollte schon am folgenden Wochenende, zur Eröffnung der neuen Anlage, stattfinden. Nun musste ich nur noch eine Mannschaft zusammenstellen, dafür sprach ich einige Mitglieder an, und wir hatten recht schnell genügend Fußballer beisammen.

Wir hatten allen Mitgliedern zur Eröffnung unseres Studios ein T-Shirt mit dem Aufdruck des Studios geschenkt. Ich rief den Hersteller der T-Shirts an, und konnte noch fürs Turnier ein spezielles T-Shirt als Mannschaftsoutfit drucken lassen.

Obwohl wir vorher noch nie zusammen Fußball gespielt hatten, belegten wir auf Anhieb den 2. Platz.

Ein halbes Jahr später, im Sommer, haben wir uns erneut bei einem Fußballturnier beworben. Dieses Mal war der Ausrichter ein Traditionsbundesligaclub aus dem Ruhrpott. Wir bekamen auch hier die Zusage und konnten am Turnier teilnehmen. Es war ein sehr schöner Samstag, wir mieteten einen Bus und fuhren gegen 9 Uhr morgens mit einigen „Fans" zum Turnier.

Der Austragungsort war Koblenz, circa 180 Kilometer entfernt. Auf der Autobahn hatten wir zwei Staus, die sorgten dafür, dass wir uns im Bus für das erste Spiel umziehen mussten. Wir kamen gerade noch rechtzeitig zum Beginn des Spiels an, verloren dieses aber. Wir schieden in der Zwischenrunde aus, und haben uns dann einen schönen Tag mit ein paar Bierchen auf dem Gelände gemacht.

Es gab viel zu sehen, wir konnten auf eine Torwand schießen und bei einer Geschwindigkeitsmessanlage die Geschwindigkeit unsere Schüsse messen lassen.

Plötzlich kam einer der Veranstalter und teilte uns mit, dass die eigentlich weitergekommene Mannschaft aus persönlichen Gründen abgereist sei. Nun konnten wir nachrücken, nur leider hatten wir schon seit einer Stunde gefeiert und waren nicht mehr wirklich in der Lage Fußball zu spielen. Wir sagten schweren Herzens ab, wir wollten uns nicht blamieren. Es war trotzdem ein toller Tag zusammen mit unserer „Studiofußballmannschaft".

Es war zu schön und es lief zu gut! Augenscheinlich! Bis das Geschäft aus dem Ruder lief. Unser damaliger ernannter Geschäftsführer hatte nicht wirklich das Geschäft im Sinn. Er interessierte sich da eher für andere Sachen, darauf möchte ich jetzt hier nicht näher eingehen. Die Jahre verstrichen und die finanziellen Probleme des Studios wurden immer größer. Der ein oder andere Teilhaber hat das sinkende Schiff verlassen. Ich habe noch eine ganze Zeit lang durchgehalten und mit Energie und Einsatz versucht das Studio zu retten.

Ende des Jahres *2006* bin ich jedoch ebenfalls ausgestiegen. Keine Power mehr für diese schier unlösbare Aufgabe! In solchen Situationen lernt man Menschen kennen.

„Wenn das Schiff sinkt, kommen die Ratten an Deck".

Es ist unglaublich, was einige Menschen alles erfinden und verdrehen, um nicht als Buhmann dazustehen. Ich bin in meinen ursprünglichen Beruf zurückgekehrt und erneut in die Versicherungsbranche eingestiegen.

Es wurden im Studio neue Trainer und ein neuer Geschäftsführer eingestellt, der kam aber nicht aus der Branche. Ein halbes Jahr später kam der Nächste, auch ohne Erfolg, somit mussten die übrig gebliebenen Studiobetreiber kurze Zeit später Insolvenz anmelden.

Mittlerweile wird das Studio von einer größeren Fitnesskette der Region betrieben.

2003 – Die erste Steuerprüfung

Im Herbst des Jahres bekam ich eine offizielle Zustellungsurkunde in mein damaliges Büro zugestellt.

Das Finanzamt wollte eine Außenprüfung bei mir abhalten. Obwohl ich erst drei Jahre selbstständig war, stand mir nun die erste Steuerprüfung bevor.

Zu dieser Zeit habe ich im Großen und Ganzen meine Unterlagen fürs Finanzamt selber zusammengestellt und die Einkommensteuer eingereicht. Hier und da hat mir ein Bekannter geholfen. Ich dachte, dem Grunde nach war es ja damals noch kein Hexenwerk. Zu diesem Zeitpunkt hatte ich erst eine Firma und meine Frau war Arbeitnehmerin. Wir hatten ein paar Jahre zuvor ein Haus gebaut, also alles nicht so kompliziert.

Mit den Abgabefristen habe ich es damals nicht so genau genommen, und deshalb ist man wohl auf mich aufmerksam geworden, dachte ich mir. Lange Rede kurzer Sinn, im Herbst *2003* kam es zur ersten Steueraußenprüfung in meinem Büro.

Der Außenprüfer hatte sich angekündigt, ich konnte mit seinem Namen nicht wirklich etwas anfangen. Mein Vater meinte aber, ich kenne ihn, er ist aus dem Nachbarort, und ihr habt schon gegeneinander Fußball gespielt. Mir sagte der Name trotzdem nichts. Als dieser Mensch dann auf unser Haus zu kam, konnte ich mit dem Gesicht und dem Namen immer noch nichts anfangen. Ich hatte mein Büro bei meinem Vater im Haus. Mein Vater sprach ihn an, und sie haben erstmal zehn Minuten privat über Fußball, alte Zeiten und so weiter gequatscht.

Plötzlich sagte der Prüfer: „Wir betreten jetzt die Betriebsräume, ab hier erbitte ich mir das SIE". Ich viel aus allen

Wolken, zehn Minuten Smalltalk, lustiges Gerede, und auf einmal sind wir beim SIE. Aber so sind diese Jungs vom Finanzamt. Im Grunde ist es ja auch nicht verkehrt, wenn man etwas die Distanz wart.

Die Prüfung dauerte zehn Tage. In dieser Zeit habe ich meinen jetzigen Steuerberater kennen gelernt. Der Steuerberater hat die Prüfung dann ab einem bestimmten Moment begleitet. Wegen der etwas zu späten Abgabe der Steuererklärung, hatte man mir inzwischen sogar schon die Steuerfahndung auf den Hals gehetzt. Man muss bedenken, ich hatte zu dem Zeitpunkt kein Vermögen verdient, es ging nicht um das große Geld. Trotzdem musste ich mich wegen der zu späten Abgabe bei der Steuerfahndung rechtfertigen. Es wurde vermutet, dass ich Steuern hinterziehen wollte. So ein Unsinn.

Die Fahnder waren knallhart, mit den Jungs ist nicht zu spaßen. Diese Menschen hatten nichts anderes im Sinn, als mir zu schaden. Einer würde noch eine größere Rolle in meinem Leben spielen. Damals ahnte ich nicht im Geringsten zu welchen Taten diese Menschen fähig waren. Ich weiß bis heute nicht, was ich diesen Menschen getan habe. Menschen denunzieren, das konnte dieser Beamte aber damals schon.

Als dieser schlechte Mensch sein Ziel erreicht hatte, stellte die Steuerfahndung den Prozess gegen eine Geldspende ein. Ich musste eine Zahlung von 1000 € für einen gemeinnützigen Zweck leisten, durfte mir sogar aussuchen an welche Organisation ich spende, und habe mich für eine Behindertenwerkstatt hier im Kreis entschieden.

Heute hätte ich mir das nicht mehr gefallen lassen, damals war ich unerfahren und habe mich einschüchtern lassen, obwohl ich nichts falsch gemacht hatte. Es war keine Steuerhinterziehung, aber so konnte dieser schlechte Mensch mir wenigstens mit den 1000 € schaden.

Die Steuerprüfung hat dann ergeben, dadurch, dass ich einige Sachen selber gemacht und in Unkenntnis falsch gemacht hatte, musste ich noch eine mittlere vierstellige Summe nachzahlen.

Zum Abschluss der Prüfung sagte der Prüfer: „Herr Tuen, wollen sie mir noch etwas sagen, jetzt wäre der richtige Moment"! Ich dachte, was will der nun noch von mir, hatte nicht die geringste Idee, was er meinen könnte. Er fragte nochmal. Ich sagte: „Nein, es wurde alles gesagt". Dann zog er ein DIN A4 Blatt aus seiner schäbigen Tasche und hielt es mir vor die Nase.

Es waren die Geschäftsbedingungen meines neuen Internet-Uhrenshops. Die Seite mit den Bedingungen war schon Online, der Shop startete aber erst am *01.01.2004*. Also ging es den Prüfer eigentlich noch gar nichts an. Er sagte mir, dass er in den nächsten Jahren darauf achten würde, ob ich die Einnahmen aus dem Shop auch erklären würde.

Was sind das bloß für Menschen, sehen in allem nur das Schlechteste.

2005 – Ein katastrophales Jahr

Es sollte eigentlich ein schönes Jahr werden. Unser Sohn stand vor seiner Kinderkommunion, die ganze Familie war eingeladen und alle hatten zugesagt, auch die Familie aus dem Spreewald. Ein schönes Fest stand bevor.

Nun müssen wir etwas ausholen und springen zurück ins Jahr
2000
unsere älteste Tochter war seit einiger Zeit krank, suchtkrank!

Als sie zwölf Jahre jung war gab es den ersten Zwischenfall. Wir waren bei der Schwester meines besten Freundes im Nachbardorf am frühen Abend eingeladen um ein Fußballspiel anzuschauen. Die Europameisterschaft 2000.
Bei uns im Dorf war Kirmes. Unser kleiner Sohn war bei meinen Eltern, die Große hatte die Erlaubnis mit ihren Freundinnen zum Kirmesplatz zu gehen.
Sie sollte gegen 20:00 Uhr bei meinen Eltern sein, die im gleichen Dorf wohnten, nicht weit entfernt. Bis zu diesem Zeitpunkt gab es nie Probleme, und wir haben darauf vertraut, dass unsere Tochter, wie vereinbart, heimgeht. Sie war mit den Enkeltöchtern des besten Freundes meines Vaters unterwegs, also kein Grund zur Sorge.
Als wir gegen 00:00 Uhr nach Hause kamen war die Musik auf dem Zelt noch so laut, dass ich zu meiner Frau sagte:
„Komm lass uns mal schauen, was im Kirmeszelt noch los ist". Meine Frau hatte keine Lust mehr und blieb zuhause. Im Kirmeszelt angekommen, sprachen mich direkt einige Bekannte an. Sie fragten, ob wieder alles okay sei mit unserer Tochter. Ich war erstmal erstaunt und wusste nicht was sie meinten. Man klärte mich auf.

Unsere Tochter hatte mit ihren Freundinnen neben dem Kirmeszelt auf dem Spielplatz Sangria getrunken. Leider viel zu viel. Eines der Mädchen kollabierte, der Krankenwagen musste kommen. Meiner Tochter ging es ebenfalls schlecht, sie musste auch mit ins Krankenhaus.

Ein Bekannter hat meinen Vater verständigt. Mein Vater ist mit ins Krankenhaus gefahren. Er konnte unsere Tochter, nachdem sie sich ein paarmal übergeben hatte, wieder mit nach Hause nehmen. Sie hatte etwas zur Beruhigung bekommen. Als ich bei meinen Eltern angekommen bin, um nach ihr zu sehen, schlief sie seelenruhig wie ein unschuldiges Baby.

Wie sich später heraus stellte, hatten die Mädchen nicht nur getrunken, sondern auch gekifft. Man weiß, einmal mit dem Mist angefangen, ist es schwer wieder aufzuhören. Kiffen ist alles andere als harmlos. Es ist oft der Beginn einer Sucht. Studien belegen: Wenn Jugendliche früh mit dem Kiffen beginnen, sind sie sehr schnell abhängig.

Ich höre jetzt schon einige sagen:

Mein Gott, ein bisschen Kiffen, wo ist das Problem!

Ihr werdet noch lesen, wo das Problem ist. Meine Frau wollte zu diesem Zeitpunkt von alldem nichts wissen. Sie sagte immer; du denkst immer das Schlimmste, du bist ja paranoid. Ich habe dann angefangen zu recherchieren. Mir war schnell klar, dass unsere Tochter im Begriff war in ein Problem zu rutschten.

Es brach auch wirklich eine harte Zeit für uns alle an.

Ich fand im Laufe der Zeit einiges in ihrem Zimmer.

Es war völlig egal,
wie viele selbstgebaute Bong`s,
wie viele Crackkekse,
wie viele Tütchen mit Amphetaminen
ich aus ihrem Zimmer geholt habe!

Meine Frau wollte in all den Jahren nicht wahrhaben, dass unsere Tochter ein Problem hat. Ich zerbrach mir den Kopf, irgendwie musste ich meiner Tochter doch helfen können. Nur wie?

So kam mir dann eine Idee. Einer meiner Freunde ist bei der Polizei. Ich fragte ihn, ob er nicht mal mit einem Kollegen zu uns nach Hause kommen kann.

Der Plan war: Wir setzen unsere Tochter etwas unter Druck und sehen was passiert. Unser Plan ging auf. Der Besuch zeigte Wirkung und unsere Tochter hat unter Tränen zugegeben, dass sie Drogen nimmt. Sie gestand sich ein, dass sie ein Problem hat.

An diesem Abend hat meine Frau das erste Mal verstanden, dass unser Kind ein Drogenproblem hat. Mein Freund hatte mehrere Telefonnummern dabei, über die wir Hilfe bekommen würden.

Am nächsten Morgen setzte ich mich ans Telefon, nachdem ich die Nacht auf dem Boden vor der Türe des Zimmers unserer Tochter verbracht hatte, aus Angst, dass sie nachts abhauen würde.

Wir sind sofort am nächsten Tag mittags ins Ruhrgebiet in eine Klinik gefahren. Der Professor der Klinik hat uns dann nach einem langen Gespräch einen Therapieplatz für unsere Tochter angeboten. Zufällig war erst einen Tag zuvor ein Platz frei geworden. Wir sind zwei Tage später mit unserer

Tochter zum Entzug in diese Klinik gefahren. Sie war alles andere als begeistert und meinte, dass dies nicht nötig wäre, sie würde es alleine schaffen aufzuhören.

Die zwei Tage und zwei Nächte bis zur Abfahrt habe ich auf unsere Tochter aufgepasst, wie auf meinen Augapfel, weil wir Angst hatten, dass sie abhauen würde, und habe auch in den Nächten vor ihrer Zimmertür geschlafen.

Zu diesem Zeitpunkt war unsere Tochter noch keine 18 Jahre alt. Somit konnten wir als Eltern darüber bestimmen, dass sie diese Therapie macht. Der Tag, an dem wir unsere Tochter in diese Klinik gebracht haben, war unvorstellbar schlimm. Das beklemmende Gefühl, das eigene Kind in eine geschlossene Station einzuweisen und alleine zurück zu lassen, hat uns einige Zeit beschäftigt. Und wenn die Kinder weinen, rührt es einen selber zu Tränen, aber man muss stark sein, so schwer es in dieser Situation auch ist.

Eine geschlossene Station ist wie ein Gefängnis. Alles wird abgeschlossen, alles dreimal kontrolliert, die Fenster können nur durch Pfleger und Pflegerinnen geöffnet werden. Eine grausige Zeit stand uns zusammen bevor. Bis dahin war es zweifelsfrei das Schlimmste, was wir mitmachen mussten.

Vierzehn Tage durften wir keinen Kontakt zu unserer Tochter haben. Die ersten Tage des Entzugs sind die schlimmsten, der Entzug geht durch Mark und Bein, wie uns der Professor erklärte. In dieser Zeit dürfen die Patienten nicht durch ihr persönliches Umfeld abgelenkt werden.

Nach vierzehn Tagen durften wir zum ersten Mal eine Stunde zu unserer Tochter, der Arzt war natürlich dabei.

--An dieser Stelle sei mal gesagt, dass ich hoffe, dass ihr Eltern, die dies jetzt lest, nie durch diese Hölle gehen müsst.--

Es war ein ganz schwerer, surrealer Tag. Eine Woche später durften wir unsere Tochter wieder besuchen, und mit ihr zwei Stunden im Park spazieren gehen. Auch dies war ein ganz komischer Tag, ich hatte irgendwie gefühlt, dass etwas mit unserer Tochter nicht stimmt. Sie war so verschlossen. Aber ein kalter Entzug, wie es in der Fachsprache heißt, ist alles andere als einfach.

Der Professor erklärte uns, wie schlimm die Lage war, und dass unser Kind doch sehr viel Substanzen genommen hatte. Seiner Meinung nach war sie schon recht tief in diese Welt eingetaucht. Wir haben damals auf das Beste gehofft, und dass sie es schafft nach der Therapie wieder gesund zu werden.

Nun zur Kinderkommunion.

Am Kommunionwochenende kam unsere ganze Familie aus Berlin und Burg zu uns nach Hause. Wir durften unsere Tochter am Freitag zum ersten Mal nach fünfeinhalb Wochen, für zwei Nächte, aus der Klinik nach Hause holen. Sie hat sich an beiden Tagen mehr oder weniger in ihrem Zimmer versteckt, wollte auch mit niemandem wirklich reden. Am weißen Sonntag, dem Tag der 1. Heiligen Kommunion unseres Sohnes, musste unsere Tochter um sieben Uhr morgens zurück in der Klinik sein, das war die Bedingung. Ich bin morgens gegen halb Sechs mit ihr gestartet, um sie rechtzeitig in die Klinik zu bringen.

Von dort aus bin ich sofort in die Kirche gefahren, und wir haben das Fest der Kinderkommunion mit schweren Gedanken gefeiert.

Diese Situation hätte ich mir nie im Leben träumen lassen, aber wir waren wohl mitten drin im wahren Leben.

In der Zwischenzeit, sprich in den ersten Wochen in denen unsere Tochter in der Therapie war, kam ein angeblicher Freund meiner Tochter an unsere Türe, er wollte irgendwelche Sachen abholen, und mir erzählen, dass er mit unserer Tochter telefoniert hätte.

Dies war völlig unmöglich!

Er hatte seinen Vater dabei, ein grandioses Vorbild der Gesellschaft. Ich versuchte auf meine höfliche und charmante Art, den Beiden zu erklären, dass es nichts abzuholen gibt, weder Handy noch sonst etwas. Die Beiden wurden recht schnell frech und der Ton wurde rauer. Ich bat meine Frau die Polizei anzurufen und mit unserem kleinen Sohn nach oben zu gehen. Ich sagte den Beiden sie sollen gehen und schloss die Tür.

Der Vater holte einen Baseballschläger aus dem Auto und schlug auf unsere Haustür ein.

Ich öffnete die Tür wieder und bat ihn aufzuhören, sonst hätte es Konsequenzen für ihn, und sagte die Polizei sei unterwegs. Das störte die Beiden nicht.

Er holte aus, ich war aber blitzschnell vor ihm und schlug ihm mit der Handkante auf den Kehlkopf, er ging samt Baseballschläger zu Boden. Der Sohn sprang wie ein wild gewordener Affe auf mich zu. Ich ging in die Knie und konnte ihn mit einem gezielten doppelten Faustschlag auf Solarplexus und Magen niederstrecken. In dem Moment kam die Polizei die Straße hochgefahren.

Einer der Polizisten rief einen Krankenwagen für den Vater. Es stellte sich später heraus, dass gegen den Vater ein Haftbefehl vorlag. Ich musste ebenfalls mit zur Wache, um meine Aussage zu machen, ich zeigte beide wegen Hausfriedensbruch an.

-- Willkommen in meiner Welt --

Es wurde in der ersten Zeit der Therapie unserer Tochter nicht besser. Ab und an kam irgendein Penner zu uns nach Hause. Entschuldigung für die Ausdrucksweise. Mir ist schon bewusst, dass diese Menschen krank sind, nur rechtfertigt das nicht alles, schon gar nicht, wenn man andere Menschen wieder „heiß" auf den Stoff macht. Ich musste leider dem ein oder anderen einen „Platzverweis" auf meine Art und Weise erteilen.

An einem Samstagnachmittag stand ich bei dem „Restaurant" mit dem goldenem M, beim Drive in, in der Schlange. Es klopfte an der Beifahrerscheibe, ich ließ die Scheibe runter, der junge Mann fragte: „Bist du der Vater von Caroline? Ich sagte: „Ja, warum fragst Du"?

In dem Moment warf er mir eine Energiedrinkdose ins Gesicht, die volle Dose brach mir mein rechtes Jochbein.

Trotzdem Glück gehabt, das hätte auch ins Auge gehen können. Ich schnallte mich ab, hatte höllische Schmerzen, der Adrenalinspiegel schoss in die Höhe.

Es standen drei Halbstarke mit großer Klappe vor mir. Sehr aggressiv, ich denke sie standen alle unter „Strom". Die Drei waren „Freunde" des jungen Mannes, der mit seinem Vater zusammen bei uns zuhause randaliert hatte.

Es kam zu einer Auseinandersetzung, der Fahrer hinter mir hat die Polizei gerufen, wie sich später herausstellte. Der Fahrer erkannte die gefährliche Situation und sprang mir trotzdem zur Seite, er konnte einen der Drei festhalten, die beiden anderen konnte ich außer Gefecht setzen.

Ich musste danach aber ins Krankenhaus, um geröntgt zu werden. Wie schon gesagt, mein rechtes Jochbein war angebrochen.

Derjenige, der mir die Dose ins Gesicht warf, hatte nicht so viel Glück. Ich brach ihm leider die Nase, und er verlor vier Zähne, asoziales Pack! Sorry für die Ausdrucksweise.

Einige Jahre zuvor habe ich mit meinem damaligen Kollegen zusammen in der Domstadt Kampfsport betrieben. Habe in jüngeren Jahren auch Straßenkampf in Holland trainiert. Noch nie im Leben habe ich dies aus Spaß angewandt. Es dient lediglich zur Selbstverteidigung und es hilft in manchen Situationen.

Ich bin ein netter Kerl, man kann mich nicht schnell aus der Fassung bringen, und Gewalt ist sicher keine Lösung für Probleme.

Es gibt aber Tage im Leben, da muss man sich dem stellen und für sein Recht kämpfen.

Es war eine harte Zeit, sie sollte aber noch nicht vorbei sein. Später mehr dazu.

Unsere Tochter hatte nach der Schule auch gute Zeiten, wir waren voller Hoffnung und zugleich sehr stolz. Sie schaffte Ihre Ausbildung zur examinierten Altenpflegerin mit Auszeichnung.

Leider währte unsere Freude nicht von langer Dauer.

Das Jahr *2005* war ja noch nicht um, meine Frau und ich haben uns in dieser Zeit getrennt, weil ich mich irgendwo verloren hatte. Ich bin geflüchtet und habe Frau und Kinder zurückgelassen. Konnte es nicht mehr ertragen, so hilflos zu sein! Was hätte ich machen sollen? Alle zurechtweisen, das konnte ich nicht. Ich schäme mich im Nachhinein dafür, aber ich wusste mir damals nicht anders zu helfen.

In dieser Zeit bekam ich sozusagen über Nacht kreisrunden Haarausfall. Ich stand morgens vorm Spiegel und sah eine kahle Stelle über meinem rechten Ohr. Wusste im ersten Moment nicht was los ist, und dachte nur, was kommt jetzt. Ein paar Tage später beim Arzt hatte ich mittlerweile schon 3 Stellen. Die kahlen Stellen waren unterschiedlich groß, von knapp einem cm bis zu fast drei cm. Der Arzt verschrieb mir eine Zwei-Komponenten Tinktur. Der Spuk dauerte knapp vier Monate, dann war das ausgestanden. Woher und warum dies passierte, keine Ahnung. Mein Arzt schrieb es dem Stress zu.

Im Dezember *2005* war ich mit Bekannten im Kino zu einer Nachtvorstellung. Es lief King Kong oder Kong, wie auch immer dieser Film mit dem großen Affen heißt. An den Filmtitel kann ich mich nicht mehr so genau erinnern, aber an die Stunden nach dem Film.

Wir kamen aus dem Kino, und sahen auf dem Parkplatz; Feuerwehr, Krankenwagen und Polizei.

Es standen einige Menschen gestikulierend um ein brennendes Auto. Ich dachte zuerst, ich wäre von einem Film in den nächsten Film gesprungen. Was soll ich sagen? Der Wagen, der in dieser Nacht in Flammen stand, war mein geliebter BMW.

Ich lief zum Auto und versuchte zu erfahren was passiert war. Die Feuerwehr schien den Brand schon unter Kontrolle zu haben, sie hatte die Seitenscheiben und die Heckscheibe eingeschlagen und den Kofferraum aufgehebelt. Der Wagen sah aus wie nach einem Bombenangriff. Wie sich später bei der Brandermittlung herausstellte, hatte jemand die rechte hintere Scheibe eingeschlagen, und einen Molotowcocktail ins Auto geworfen.

Ich war sprachlos! Ich musste der Polizei und der Feuerwehr einige Fragen beantworten, ließ dies alles über mich ergehen.

Einer der Polizeibeamten sprach mich an und fragte:

„Sind Sie beim ADAC, dann besorge ich ihnen einen Abschleppwagen". Ich sagte: „Ja, das bin ich". Er telefonierte und sagte mir, dass der Abschleppdienst kommen würde. Mittlerweile waren eineinhalb Stunden vergangen. Die Feuerwehrmänner, die den Brand gelöscht hatten, waren alle verschwunden, sie hatten ihren Job beendet. Wir standen mutterseelenalleine mit meinem ausgebrannten Fahrzeug auf dem Parkplatz. Ein junger Mann von der Feuerwehr hatte noch Brandwache, und wartete daher mit uns zusammen auf den Abschleppdienst. Der Abschlepper kam, mein Wagen wurde aufgeladen, ich fragte noch:

„Wohin bringen sie den Wagen?". Die Antwort kam prompt:

„Hier im Ort ist eine Werkstatt, da bringe ich ihren Wagen hin". Der gerufene Abschlepper war gelb und der Schriftzug ADAC stand auf dem LKW, er hielt mir einen Wisch für den Auftrag hin, schrieb meine ADAC Nummer auf und ließ mich unterschreiben. Er gab mir die Nummer der Werkstatt und ich war heilfroh, dass der Wagen abgeschleppt wurde. Wir haben uns dann von einem Bekannten abholen lassen. Bin am Montag direkt aktiv geworden, und habe meine Versicherung informiert.

Dann habe ich mich mit der Werkstatt in Verbindung gesetzt und gefragt ob ich den Wagen abholen kann, oder ob er dort stehen bleiben muss. Ich fuhr zur Werkstatt und erlebte mein blaues Wunder.

In der Nacht war ich geschockt und hatte das alles gar nicht so richtig realisiert. Der Abschleppdienst fuhr zwar im Auftrag des ADAC, aber der nette Mann in der Werkstatt wollte meine ADAC-Karte nicht akzeptieren.

„Den Wagen möchte ich mitnehmen, wir haben einen Anhänger dabei", sagte ich. Der Werkstattchef sagte:

„Kein Problem, das kostet 280 €".

„Ich sagte, wieso? Ich bin beim ADAC, der übernimmt das Abschleppen in die nächstgelegene Werkstatt".

„Der Auftrag läuft über den ADAC, den haben wir angerufen". Der Werkstattchef sagte: „Davon weiß ich nichts, ich habe nur den Auftrag bekommen den Wagen abzuschleppen, und das haben wir gemacht". „Wenn sie den Wagen mitnehmen wollen, kostet es 280 €". Ein bisschen perplex habe ich von dort aus den ADAC angerufen. Die nette Dame von der ADAC Hotline bestätigte mir, dass kein Unfall gemeldet worden war und auch kein Abschlepper bestellt wurde. Ich versuchte das dann direkt über den ADAC zu regeln, für diese Leute war dies kein Problem, aber der Werkstattchef war nicht einverstanden. Er wollte unbedingt die 280€ kassieren. Anscheinend zahlt der ADAC nicht den gleichen Betrag, sonst wäre es doch kein Problem gewesen.

Der Werkstattchef wurde frecher und bestand darauf, dass ich die 280 € zahle. Mein Anwalt, den ich anrief, hat sich der Sache angenommen, hat kurz mit dem Mann am Telefon verhandelt, und ich konnte mein Fahrzeug mitnehmen. Das Abschleppen wurde später über den ADAC abgewickelt.

Es ließ mir aber keine Ruhe, wieso war der ADAC nicht informiert, wieso kam der Abschleppwagen mit dem ADAC Emblem. Wenn ich in der Nacht den Auftrag überprüft hätte, wäre es mir vielleicht aufgefallen, nur in dieser Situation ist man erstmal für jede Hilfe dankbar. Im Auftrag stand zwar etwas von ADAC, aber eben auch, dass ich diese Werkstatt beauftrage. Ich habe ein bisschen recherchiert und über meinen Anwalt sind wir dahintergekommen, dass es in diesem Dorf tatsächlich ein paar korrupte Polizisten gab. Die Polizisten haben nach einem Unfall oder ähnlichem die Ahnungslosigkeit der Leute ausgenutzt und diesen Abschleppdienst beauftragt. Sie haben eine Provision vom Abschlepper bekommen, deshalb sollte es auch diese 280€ kosten. Entschuldigung, aber das konnte ich natürlich so nicht stehen lassen.

Wir haben eine große Sache aufgedeckt und letztlich sind vier Polizisten über ein Disziplinarverfahren vom Polizeidienst suspendiert worden.

Tut mir furchtbar leid, aber sich an Menschen in Not bereichern, ist das allerletzte!

Dieses katastrophale Jahr *2005* endete mit einem Einbruch in unser Haus, kurz vor Weihnachten.

Ich kam Freitagabend nach Hause und wunderte mich, warum unser Hund nicht an der Eingangstür stand und auf mich wartete. Sobald es an der Tür klingelte, oder jemand den Schlüssel ins Schloss steckte, kam unser Hund normalerweise angerannt. An diesem Abend aber nicht.

Als ich das Licht einschaltete, sah ich schon warum. Es wurde eingebrochen! In der Küche lagen alle Schrankschubladen inklusive des gesamten Inhaltes auf dem Boden verteilt. Mein erster Gedanke war, hoffentlich haben die Einbrecher dem Hund nichts getan. Ich rief nach unserem Hund und schaute im ganzen Haus nach. Die Einbrecher hatten unseren Hund in eins der Kinderzimmer eingeschlossen. Unser kleiner Terrier konnte anständig Radau machen, wenn jemand kam. Er war aber auch sofort zutraulich, wenn man mit ihm sprach. Ich vermute, er ist den Einbrechern immer hinterhergelaufen, diese haben ihn dann, weil er sie gestört hatte, eingesperrt.

Es wurde ein bisschen Bargeld und fast der gesamte Schmuck meiner Frau und meine Uhren gestohlen. Da die Einbrecher nicht alles mitgenommen haben, glaube ich, dass sie noch irgendwie gestört wurden. Ich rief die Polizei, die kam nach einer Stunde bei uns an. Ich musste einige Fragen beantworten. Für die Polizei und die Versicherung musste ich eine sogenannte Stehlgutliste erstellen. Die Spurensicherung war noch nicht abgeschlossen, da klingelte mein Handy. Eine Bekannte rief an. Da sie einen Versicherungsvertrag bei mir abgeschlossen hatte, rief sie mich an und wollte wissen, was sie nach einem Einbruch machen soll. Ich schilderte meiner Bekannten, dass es bei uns ebenfalls einen Einbruch gegeben hatte. Ich setzte die Spurensicherung über den weiteren Einbruch in Kenntnis, man fuhr anschließend zu meiner Bekannten.

Ihr erklärte ich kurz, dass sie schon mal nachschauen soll, was alles gestohlen wurde, und sagte ihr, dass ich die Polizei zu ihr schicken würde. Ein paar Tage später, als ich die Stehlgutliste zur Polizei brachte, sagten die Polizisten: „Wir können anhand der Abdrücke und Spuren mit sehr großer Wahrscheinlichkeit sagen, dass die Täter der beiden Einbrüche am Freitagabend identisch sind". Die Vorgehensweise war identisch, das hieß, in beiden Fällen wurde die Terrassentüre aufgebrochen.

Es gab noch einen dritten Vorfall in zeitlicher Nähe. Fünf Wochen vor dem Brandanschlag hatte jemand versucht mein Auto zu stehlen, die Alarmanlage löste sich aus, und der oder die Täter flohen. Die laute Sirene weckte mich, ich sprang auf und lief direkt zum Fenster, konnte aber, außer meinen wie wild blinkenden und hupenden Wagen nichts erkennen. Bisher hatte ich mir noch keine Sorgen gemacht; dass Autos gestohlen werden, war mir aufgrund meiner beruflichen Tätigkeit durchaus bewusst. Nach dem dritten Vorfall in kurzer Zeit, rief ich meinen Freund bei der Polizei an und fragte: Ob er sich mal umhören kann, und vielleicht herausfinden kann, ob es jemand auf mich abgesehen hat.

Ich bin nicht schnell einzuschüchtern, aber diese drei Ereignisse beunruhigten mich.

Wir haben in dieser Zeit unser Haus verkauft und zwei getrennte Wohnungen bezogen. Nach ungefähr anderthalb Jahren hatten wir genug von unserer Trennung.

Wir haben wieder zueinander gefunden, ich hatte und habe nie aufgehört meine Frau zu lieben. Wir haben uns ausgesprochen, sie hat mir verziehen. An einem anderen Ort haben wir einen Neustart gewagt, dieser hat funktioniert und uns wieder enger zueinander geführt.

In den folgenden Jahren sollte aber noch einiges in unserem Leben passieren. Bei unserer Tochter gab es immer wieder Probleme, neuer Freund, Auszug, Drogen, Absturz.

Ich habe unsere Tochter aus Situationen rausgeholt, das liegt jenseits der Vorstellungskraft eines „normalen" Menschen. Sie hatte immer die falschen Freunde, beziehungsweise die falschen Männer, kennen gelernt. Sie ist immer wieder in alte Muster verfallen.

Den ein oder anderen Entzug hatte sie versucht, halbherzig, ohne Überzeugung. Unsere Tochter war nie wirklich bereit, ihre Freunde, welches ja keine Freunde sind, sondern nur Mitkonsumenten, loszulassen, und so hat sie es auch nicht wieder bis in eine Klinik geschafft.

Dieses ständige auf und ab und diese ständigen Therapieversuche, haben auch bei mir und meiner Frau Spuren hinterlassen. Wir wollten uns dies damals nicht so richtig eingestehen, aber es ist so, wie ich es beschreibe.

2006 – Ausstieg aus dem Fitnessstudio, neuer alter Job

Im zweiten Halbjahr des Jahres entschied ich mich ja aus dem Fitnessstudio auszusteigen.

Ich konnte durch gut gepflegte Kontakte zurück in die Versicherungsbranche. Als Angestellter stieg ich wieder ein, in einer Agentur nahe der niederländischen Grenze. Die Agentur hatte zu diesem Zeitpunkt zwei Inhaber und zwei weitere Mitarbeiter. Ich war auf der einen Seite froh, dass ich nicht lange ohne Job war, auf der anderen Seite musste ich circa siebzig Kilometer bis zum Büro fahren. Nicht gerade toll.

Mein Ziel aber war, wieder zurück in die Selbständigkeit zu kommen. Dies konnte mir das damalige Unternehmen aber nicht bieten. Wie der Zufall es wollte, wurden die Inhaber Mitte *2007* von einer anderen Gesellschaft angesprochen. Das Ziel war, die Agentur neu auszurichten und für eine andere Gesellschaft zu führen.

Durch meine sehr guten Verkaufszahlen bot man mir eine Teilhaberschaft in der neuen Agentur an. Wir überlegten und sagten zu. Einer der Teilhaber sprang aber kurz vor dem Vertragsabschluss ab. Was ich zu diesem Zeitpunkt nicht wusste, meinem neuem Partner wurde mehr Geld geboten, damit der Deal stattfinden kann.

Mein damaliger Arbeitsvertrag hatte keine so lange Kündigungsfrist, somit konnte ich Ende des Jahres *2007* schon zur neuen Gesellschaft wechseln. Mein Partner kam Mitte *2008* nach. Es lief sehr gut, vor allem für mich.

Das Jahr *2009* war unser erstes gemeinsames komplettes Jahr, und somit gab es auch die erste Wertung im Ranking. Wir hatten ein extrem erfolgreiches Jahr und wurden die siebtbeste Agentur Deutschlands dieser Gesellschaft.

Wahnsinn!!

Bei der Jahresauftakttagung im folgenden Jahr wurde diese Leistung mit einer Medaille belohnt. Eine tolle Auszeichnung für unsere geleistete Arbeit. Unser neuer Gebietsdirektor schien aber nicht zufrieden zu sein. Ich sollte mit meiner Vermutung recht behalten. Er sprach meinen Kollegen nach der Tagung an, und bat ihn am Montag in sein Büro. Mein Kollege kam montagmittags zurück in unser Büro und schaute etwas irritiert. Er erzählte mir, dass man ihm mit der Kündigung gedroht hatte und sein Festgehalt um die Hälfte reduzieren wollte.

Ich konnte es nicht fassen. Was er mir dann gestand, verschlug mir die Sprache! Um die Agentur zu bekommen, hatte die Gesellschaft ihm das doppelte Festgehalt für den Übergang bis zur zugesagten Bestandsübertragung gezahlt. Von dieser Abmachung wusste ich nichts.

Als Agenturinhaber und Verkäufer wird man immer an den Zahlen gemessen. Da nun aber praktisch ein Verkäufer durch den Absprung des anderen Inhabers fehlte, war das Verkaufsziel fast nicht zu schaffen, trotz unserer Topleistung. Mein Kollege meinte, sie werfen mich schon nicht raus, das können die sich nicht erlauben.

Falsch gedacht! Er wurde gekündigt. Ich habe mich sofort mit einem Bekannten der Gesellschaft aus einem anderen Gebiet in Verbindung gesetzt. Aufgrund meiner sehr guten Zahlen konnte ich samt dem aufgebauten Bestand in diesen Bereich wechseln.

Das Problem: Wir waren in den letzten Zügen der zugesagten Bestandsübertragung, diese wurde dann nicht mehr eingehalten. Mein Festgehalt wurde zum größten Teil über meinen Kollegen gezahlt, der zahlte mir meinen Anteil nicht mehr aus, also bekam ich drei Monate fast kein Geld. Meine höflichen und geduldigen Versuche, mein mir zustehendes Geld zu bekommen, schlugen fehl. Eines sei mal klargestellt, ich bin ein friedfertiger und geduldiger Mensch. Aber wenn das Maß voll ist, reicht es mir. Dann wird es unangenehm, so nun für meinen Ex Kollegen. Ich habe es auf meine Art gelöst, das Geld habe ich zwar nicht komplett bekommen, aber egal. Ich hoffe, er hat daraus gelernt und verarscht niemanden mehr.

Ich wechselte *2010* in eine andere Gebietsdirektion, heimatnäher. Ich war ab diesem Moment zufrieden.

Mit meinem Bestand konnte ich in eine Bürogemeinschaft einsteigen. Aber das war keine gute Idee. Der nette Kollege entpuppte sich nach einem Jahr als größter Arsch unter der Sonne. Er war plötzlich krank, ließ sich in eine Klinik einweisen. In dem Moment machte ich mir ernsthaft Sorgen um ihn, das hätte ich mir aber sparen können. Er hat das knapp zwei Jahre durchgezogen. Ich habe seinen Bestand mitbetreut, ohne dass er mir etwas dafür zahlte. Was hatte ich für eine Wahl, ich musste ja gegenüber der Gesellschaft loyal sein und konnte die Kunden nicht im Stich lassen. Es wurde ihm auf seine angebliche Berufsunfähigkeit eine Abfindung angeboten, und mir sollte sein Bestand mit Januar *2013* übertragen werden. Er bekam den Hals nicht voll, er hätte normal zwölf Monate Kündigungsfrist gehabt. Durch die Abfindung sollte er sofort freigestellt werden, und der Bestand wäre für mich frei gewesen. Bei der Unterschrift kartete er nochmal nach und konnte so erwirken, dass er über mich noch ein Jahr lang ein Gehalt bekam. Wir ließen uns darauf ein. Leider hatte er die Rechnung ohne mich gemacht, ich zahlte das Geld an ihn immer möglichst spät aus. Gar nicht auszahlen ging nicht, er würde sich sofort an höchster Stelle beschweren.

Er hatte seinen Ausstieg akribisch geplant und auf einen Idioten wie mich gewartet. Er hatte alle an der Nase herumgeführt, er war nicht krank, es war nur gespielt.

Keiner der Ärzte und keiner der Gutachter hatte es bemerkt.

Da ich im letzten Jahr vor seinem Ausstieg die ganze Arbeit gemacht hatte, versprach er mir als Entgegenkommen den größten Teil des Jahresbonus. Dreimal dürft ihr raten: Er ist mir bis heute noch einen Teil des Geldes schuldig geblieben; da ich ja nur sein Wort hatte, und da sich daraus kein Rechtsanspruch ergibt, konnte ich nichts dagegen unternehmen.

Er hat kurze Zeit später wieder in der Branche gearbeitet, ein schlechter Mensch durch und durch. Er versuchte dann den Kundenbestand abzuwerben, und machte den Kunden über einen befreundeten Makler schon fast unverschämte Angebote. Die meisten Kunden vertrauten mir, und fielen nicht auf diesen faulen Zauber rein. Er hatte sich die letzten Jahre, auch vor der angeblichen Krankheit, um nichts mehr gekümmert. Das hatten die Kunden nicht vergessen.

Mittlerweile ist er in der Dorfpolitik unterwegs, genau dort ist dieser verlogene Mensch richtig aufgehoben. Passt wie die Faust aufs Auge.

2008 – Ein Jahr, schwer zu beschreiben

Kurzer Abstecher ins Jahr *2007*, Spargelsaison. Mein Vater war mit meinem kleinen Sohnemann bei einem guten Bekanntem auf dem Hof, um noch etwas Spargel dazuzukaufen. Wir hatten an diesem Wochenende einen großen Auftrag. Die Temperaturen waren in den letzten Tagen eher bescheiden, deshalb fehlte uns Spargel.

Mein Sohn war, so oft es ging, immer dabei, mit Papa oder Opa unterwegs, das fand er toll. Er lieferte auch gerne den Spargel mit aus, er bekam nämlich meistens eine Kleinigkeit von den Kunden geschenkt. An diesem Tag war der Plan meines Vaters, kurz noch Spargel holen um diesen dann, direkt mit meinem Sohn zusammen, auszuliefern. Mein Sohn kannte sich auf dem Hof unseres Bekannten gut aus, er kannte auch einige der Mitarbeiter. Er durfte meistens mit einem der Männer auf dem Gabelstapler fahren, bzw. den Gabelstapler selber fahren. Einer der Arbeiter war jedoch immer mit auf dem Stapler.

Der Gabelstapler des Bekannten war an diesem Tag in der Reparatur, somit hatte er einen Leihstapler auf dem Hof. Dieser Gabelstapler hatte einiges mehr an Power. Mein Sohn durfte auch diesmal Stapler fahren. Er wollte den Stapler vom hinteren Gebäude nach vorne in die Halle fahren. Rechts vor der Halle standen immer einige Autos geparkt, so auch das Auto von unserem Bekannten.

Mein Sohn kam um die Ecke und gab Gas, er rechnete nicht mit der plötzlichen Geschwindigkeitszunahme und verlor die Kontrolle über den Gabelstapler. Er fuhr gegen die linke Seite des Mercedes ML unseres Bekannten. Schrammte fast die komplette Seite auf und fuhr mit der Gabel voraus in die Mauer des Büros, dort endete die Fahrt abrupt.

Der Mitarbeiter hatte zwar noch reagiert, konnte aber den Stapler vor der Mauer nicht mehr zum Stillstand bringen. Meinem Sohn war nichts passiert, Gott sei Dank. Der Mercedes ML hatte nicht so viel Glück. Der Schaden belief sich auf zwölftausend Euro. Ich bin froh, dass an diesem Tag nicht mehr passiert ist. Mein Sohn hatte erstmal nach diesem Schreckmoment genug vom Staplerfahren.

Die Versicherung ersetzte den Schaden am Mercedes und an der Mauer. Später kommen wir an anderer Stelle noch einmal auf diesen Unfall zu sprechen.

Unsere Kinder waren immer gerne bei Oma und Opa und auch gerne mit Opa unterwegs. Unsere Tochter fuhr schon als kleines Mädchen in den Osterferien, immer wenn es möglich war, mit Opa im LKW, um Spargelpflanzen durch halb Europa zu liefern. Ich bin auch unzählige Male mit dem LKW quer durch Europa gefahren. Holland, Belgien, Frankreich, Italien und Österreich waren die Ziele meiner Touren.

In der Spargelsaison war ich meist an den Wochenenden der Trucker. Bei einer dieser Touren fuhr ich bis Klagenfurt an der italienischen Grenze. Mitten in der Nacht wurden die Pflanzen bei einem Landwirt abgeladen.

Manchmal boten mir die Kollegen an, bei ihnen zu übernachten, so auch diesmal. Während dieser Nacht hatte ich ein komisches Gefühl: ich war zuvor schon von der österreichischen „Gendarmerie" kontrolliert worden und wollte schnellstmöglich wieder Richtung Heimat. Nach der Pause durfte ich nun wieder vier Stunden fahren und dachte mir, den Tauerntunnel schaffst du bestimmt, eventuell auch noch die Grenze. Dann kannst du die größere Pause in Deutschland machen. Frühmorgens kam der Wintereinbruch wie aus dem Nichts. Die Tauernautobahn und der Tauerntunnel wurden aufgrund des starken Schneefalls für 48 Stunden gesperrt. Mein ungutes Gefühl hatte mich mitten in der Nacht losfahren lassen, so konnte ich das Staudrama im Radio verfolgen, denn den Tauerntunnel hatte ich längst hinter mich gelassen. Wenn ich nicht gestartet wäre, hätte ich über 40 Stunden in Österreich festgesessen.

In den ganzen Jahren hatte ich nur einen Unfall. Der LKW war mit einer Tiefenspaten-Maschine geladen, die wog rund 4 Tonnen, und war im Nachhinein betrachtet zu schwer für diesen LKW, mit dem ich unterwegs war.

Die Tiefenspatenmaschine wird benötigt um das Spargelfeld optimal vorzubereiten, sie lockert den Boden bis zu einer Tiefe von 2 Metern auf. Dadurch kann der Spargel besser gerade wachsen.

In einer Baustelle auf der Landstraße kurz vor meinem Ziel geschah es. Die Straße wurde erneuert und deswegen musste der Verkehr auf die Gegenfahrbahn umgeleitet werden. Nichts Unübliches, das kennt sicher fast jeder. Die andere Fahrbahn lag einen halben Meter tiefer, so machte die Straße einen Linksschwenk mit einem ziemlichen Gefälle. Ich fuhr der Straße nach und plötzlich kippte der LKW nach links, fuhr kurz auf zwei Rädern, ich versuchte gegenzulenken, aber vergeblich. Das Gewicht der Maschine war zu schwer, der LKW stürzte mit gewaltigem Getöse auf die Fahrerseite. Aber auch an diesem Tag hatte ich Glück im Unglück. Außer einem Schock, der mir durch die Glieder zog, hatte ich bis auf ein paar Schrammen, keine Verletzung. Ein spezieller Kran musste den LKW bergen, dies dauerte fast zwei Stunden. Weiterfahrt leider nicht mehr möglich. Ich hatte einen Bekannten direkt nach dem Unfall angerufen. Der schickte sofort einen anderen LKW los. Der beschädigte LKW wurde in eine große Werkstatt geschleppt. Dort wartete ich auf den Kollegen. Wir konnten mit Hilfe der Werkstattarbeiter die Spatenmaschine verladen und abends noch beim Kunden ausliefern.

Der LKW wurde ein paar Tage später mit einem Transporter nach Hause geholt. Dieser wurde in den folgenden Wochen repariert, und konnte anschließend wieder für Transporte genutzt werden.

2007 hatte ich einen weiteren Pachtvertrag für die kommende Spargelsaison *2008* abgeschlossen.

Wir brauchten mehr Spargel!

Ich pachtete rund fünf Hektar von einem rund zehn Hektar großen Feld. Es sollte bei der Ernte der Ertrag pro Kilogramm abgerechnet werden. Ich musste dafür das Feld selber vorbereiten und mit meiner Mannschaft den Spargel stechen.

Im frühen Herbst des Jahres fragte mein Verpächter, ob es okay sei, wenn er meinen Teil des Feldes mit häckselt und ich dafür im Frühjahr seinen Teil des Feldes mit fräse? Ich sagte: „Klar, warum nicht". So brauchte ich mich Ende des Jahres damit schon nicht mehr zu beschäftigen und konnte in Ruhe die Saison vorbereiten. Die Spargelfelder werden zur Vorbereitung der nächsten Saison, in der Regel im Herbst, gehäckselt, dabei wird das über den Sommer durchgewachsene Spargellaub oberhalb des Spargeldammes abgeschnitten und gleichzeitig kleingehäckselt. Im Frühjahr wird dann der Spargeldamm mit dem übriggebliebenen gehäckselten Laub durchgefräst.

Beim Fräsen werden die Laubstangen im Damm circa 10 cm über der Pflanzkrone durchtrennt. Gleichzeitig wird der Spargeldamm wieder leicht angehäufelt.

Die Fräsmaschine ist extra für diese Arbeit konzipiert.

-- 1000 Mal gemacht … --
-- 1000 Mal ist nix passiert … --

Im Februar des Jahres *2008* fuhr ich mit meinem Schlepper zum Feld. Ich brauchte zwei lange Tage um das komplette Feld zu fräsen. Dadurch, dass die Fräse bei dieser Tätigkeit in den Spargeldamm eintreten muss, kann der Schlepper nur mit langsamer Schrittgeschwindigkeit fahren. Nach den ersten Metern kontrollierte ich die Tiefe der Fräse mit einem Spaten. Man muss sicher gehen, dass die Fräse nicht zu tief in den Damm geht.

Ein paar Wochen später rief mein Verpächter an und fragte ob ich mal zum Feld kommen könnte. Er war etwas gereizt. Wir trafen uns einen Tag später am Feld. Es war grausam, es hatte die letzten Tage kräftig geregnet. Durch den Regen war der leicht gehäufelte Damm etwas auseinandergegangen. Überall lagen Pflanzenkronen und Pflanzenteile, die man jetzt durch den Regen sehen konnte. Ein Bild des Grauens. Wir sind dann fast das ganze Feld abgegangen, überall das gleiche Bild.

Als ich gefräst habe war es noch etwas feucht. Ich vermute, dass dadurch die Fräse zu tief durch den Damm gegangen ist, und ich somit die Pflanzkronen getroffen und zerhackt hatte. Das Feld war fast komplett zerstört, und mir ging es ebenso. Gefräst habe ich schon dutzende Male, und es ist noch nie etwas passiert. Ich habe das jahrelang bei meinen Eltern und bei Bekannten gemacht.

Den Schaden habe ich dann bei meinen Versicherungen gemeldet. Es wurde ein Sachverständiger, der auf Landwirtschaft spezialisiert war, eingeschaltet. Ein Treffen mit dem Gutachter auf dem Feld wurde vereinbart. Er grub an verschiedenen Stellen Teile der Dämme frei, um zu sehen wie schlimm es war. Es war sehr schlimm, ich hatte so etwas vorher noch nie gesehen. Der Gutachter stellte auch die Höhe des entstandenen Schadens fest. Das Gutachten ergab eine fast flächendeckende Zerstörung des Feldes. Schadenhöhe im Bereich der 500.000 €. Am Mittelweg des Feldes, wo die

Fräse kurz raus gehoben wird, und nach dem Weg wieder reingeführt wird, war es nicht so schlimm. Am linken Rand, wo die Folien schon bereit lagen, war der Damm komplett in Ordnung.

Die Folien werden nach dem Fräsen und dem anschließenden Aufbau der Dämme über die Dämme gelegt. Mit der Folie kann man den Ertrag etwas beeinflussen. Die Folie hat eine schwarze und eine weiße Seite.

Wenn die weiße Seite nach oben liegt wird der Damm nicht so heiß, der Spargel wächst etwas langsamer. Bei der schwarzen Seite ist es genau andersherum. Der Damm direkt neben der Folie wurde nicht beschädigt, ich konnte ihn nicht bearbeiten, es war schlichtweg kein Platz für den Schlepper, um an dieser Stelle vorbei zu kommen.

Das wird später noch an anderer Stelle wichtig werden. Die beiden Versicherungen wurden sich nicht einig, wer nun für den Schaden aufkommen soll, sie lehnten erst einmal beide die Regulierung des Schadens ab.

Herzlichen Glückwunsch, dachte ich mir!

Ich bin sodann mit der Versicherung des Schleppers vors Amtsgericht in der kaiserlichen Domstadt gegangen. Zeitgleich wurde ich vom Verpächter auf Schadensersatz verklagt. Vor dem Amtsgericht wurde meine Schuld festgestellt und mein Verpächter bekam einen vollstreckbaren Titel gegen mich. 350.000€ nebst Zinsen.

Das zahlt man nicht ebenso aus der Portokasse, meine Existenz war in Gefahr. Der Richter entschied, dass ich den Schaden schuldhaft verursacht hätte. Okay, denn bei einer Haftpflichtversicherung muss ein Verschulden vorliegen, damit der Versicherer zahlt. Der Richter entschied aber auch, dass die Schlepperversicherung nicht dafür in Anspruch genommen werden kann. Er vertrat die Ansicht, die Betriebshaftpflichtversicherung müsse den Schaden begleichen.

Ich ging in Berufung, wollte natürlich den vollstreckbaren Titel gegen mich nicht haben. Der Senat des Oberlandesgerichtes, welcher aus einem Richter und zwei Schöffen bestand, das ist die nächste höhere Instanz bei Gericht, war aber leider der gleichen Meinung. Somit war die Berufung vergeblich.

Beide Verfahren wurden unter einer besonderen Konstellation geführt und waren somit nicht einer Rechtsschutzversicherung zuzuschreiben. Ich musste die Gerichtskosten und die Anwaltskosten selber tragen. Der aufgerufene Betrag war fünfstellig.

Richter sind auch nur Menschen, und müssen sich in jeden Fall einarbeiten, der Eine macht es gewissenhaft, der Andere nur oberflächlich. Somit konnte man an den Urteilsbegründungen erkennen, dass die Richter beider Instanzen, die Schöffen erst recht nicht, die Technik des Schleppers und der mit dem Schlepper festverbundenen Fräse nicht verstanden hatten.

Einer der Richter meinte sogar: Man könnte eine Maschine an den Rand des Feldes stellen und mit dieser Maschine mittels einer Seilwinde die Fräse über das Feld ziehen. So einen Unsinn hatte ich zuvor auch noch nicht gehört. Die Fräse muss fest mit dem Schlepper verbunden sein, die Antriebswelle des Schleppers treibt über eine Kurbelwelle die Welle der Fräse an, anders funktioniert es nicht. Dazu kam ein Dekra-Tüv-Gutachter, der sehr überzeugend erzählen konnte, dass er auch nicht den blassen Schimmer von der Funktion der Fräse hatte. Bei der Ortsbesichtigung machte der Gutachter einen sehr überzeugenden Eindruck, nämlich den, dass er vorher noch nie eine Dammfräse gesehen hatte.

Von diesen Menschen ist man vor Gericht abhängig und man kann nichts dagegen machen. Der Senat beim OLG folgte im Wesentlichen dem Richter der ersten Instanz. Ich verlor somit auch beim Oberlandesgericht.

Es blieb mir dann nur noch meine Betriebshaftpflichtversicherung, aber diese hatte ja auch schon abgelehnt.

Das dritte Jahr in Folge vor Gericht stand mir bevor. Also wieder zum Landgericht. Die erste Instanz verlor ich auch hier wieder. Dieser Richter sah die Auswirkung eher bei der Schlepperversicherung, welch eine Ironie. Mir nutzte dies aber nichts mehr. Diesen Richter hätte ich zuvor haben müssen. Nun war es zu spät.

> Der Spruch: Bei Gericht und auf hoher See ist man in Gottes Hand, wurde wahr!

Im vierten Jahr in Folge ging es *2012* wieder zum Gericht, wieder zum Oberlandesgericht in der Domstadt am Rhein. Der Senat war diesmal mehr auf meiner Seite, der Versicherer spürte dies und liess sich dann letztlich auf einen Vergleich ein.

Mein Anwalt stimmte dies mit dem Anwalt des Verpächters ab. Der Hauptkläger musste sich mit der zum Vergleich angebotenen Summe zufriedengeben, sonst nutzte mir der Vergleich ja nichts. Alle stimmten zu.
Nach vier Jahren hatte das nervenaufreibende Martyrium ein Ende. Oder etwa doch nicht?

Es kam noch schlimmer, aber dies an anderer Stelle.

Das Jahr *2008* wurde trotz, oder vielleicht gerade wegen des ganzen Chaos ein beruflich extrem erfolgreiches Jahr. Ich neige dazu, mich in stressigen Situationen in Arbeit zu stürzen, um mich abzulenken.

Jetzt bedienen wir kurz ein Klischee. Ich konnte in diesem Jahr zwei Verkaufswettbewerbe unter den besten Verkäufern beenden. Bei einem der Wettbewerbe wurden die Sieger am Jahresende zu einer speziellen Weihnachtsfeier, in die Stadt am Rhein mit der längsten Theke der Welt, eingeladen. Treffpunkt war eine sehr bekannte Location in der Altstadt. Als alle Teilnehmer angekommen waren, und wir ein paar Bierchen gezischt hatten, ging es zum Weihnachtsmarkt. Erst Bierchen, dann Glühwein mit Rum-Schuss, es ging gut los. Zum Essen kehrten wir in das angesagteste Restaurant vor Ort ein. Die Kollegen hatten einen Tisch reserviert. Das Essen war ein Traum am späten Abend.

Einer meiner Kollegen nannte den Kellner immer Köbes. Das fand der Kellner nicht lustig. Dazu muss man wissen, Köbes nennt man die Kellner in der anderen Domstadt am Rhein. Die Kellner in dieser Stadt empfinden es als Beleidigung, so angesprochen zu werden. Er brachte daraufhin immer schon die nächsten Biere, wenn das erste Bier am Tisch halbleer war. Er wollte uns wohl damit zeigen, dass einige von uns langsame Trinker waren. Es wurde feucht fröhlicher als gedacht.

Ich war mit dem Auto gekommen und brauchte einen Plan B. Mit dem Auto nach Hause fahren war schnell keine Option mehr. Es gab keinen Plan B, also beschloss ich im Auto im Parkhaus zu pennen. Es war ein toller Abend, der dann leider im Regen auf dem Weihnachtsmarkt endete. Wir verabschiedeten uns.

Ich ging zum Parkhaus. Nasse Schuhe und der Alkohol sorgten für den krönenden Abschluss des Abends. Ich rutschte auf der Treppe aus und fiel auf dem Rücken die Treppe runter. Sehr schmerzhaft! Ich rappelte mich auf, stieg in den Wagen, und schlief selig ein.

Morgens gegen 10:30 Uhr wachte ich mit höllischen Schmerzen auf. Schleppte mich die Treppe zum Kassenautomaten hoch, checkte aus und fuhr nach Hause. Die Schmerzen wurden während der Fahrt immer schlimmer, fast nicht auszuhalten. Am Nachmittag des gleichen Tages fuhr ich ins Krankenhaus. Ich wurde geröntgt.

Die Bilanz des Sturzes: Eine Rippe gebrochen, eine Rippe angebrochen.

Auch hier galt mein zweites Motto, was dich nicht tötet, härtet dich ab!

2012 – Führerschein und Familiendramen

Unser Sohn würde im nächsten Jahr 17 werden, der Führerschein stand an. Führerschein mit 17, begleitendes fahren. Ich wollte natürlich auch Begleiter sein. Was ich zu diesem Zeitpunkt nicht wusste, die Begleiter dürfen maximal einen Punkt in Flensburg haben. Wir machten für alle infrage kommenden Begleiter die Anfrage beim Flensburger Punkteregister. Als der Brief kam, fiel es mir wieder ein. Ich hatte zwei Jahre zuvor einen Punkt wegen angeblich zu dichtem Auffahren bekommen. Somit hatte ich in den letzten Jahren vier Punkte gesammelt. Die Punkte waren schon in der sogenannten „Überlage-Frist" und wären Ende *2012* gestrichen worden. Dann kam der Spätsommer *2012.*

Ein Kumpel feierte seine Hochzeit und die Taufe seines Sohnes. Er lud die ganze Clique zur Traufe (Taufe und Hochzeit) ein. Alle sagten zu. Mein Kumpel wohnte mittlerweile in der Nähe einer bekannten Stadt am Rhein. Wir buchten für alle ein Hotel bei ihm vor Ort, es wurde eine ordentliche Party gefeiert. Am nächsten Tag haben wir im Hotel spät, aber gut, gefrühstückt und ab auf die Autobahn. Ich meine mich zu erinnern, dass ich nicht der Einzige war, der aus dem Konvoi geblitzt wurde.

Zack, ein Punkt mehr auf der Liste und somit Fünf an der Zahl.

Zu dieser Zeit konnte man noch ein Punkteabbauseminar besuchen. Ihr seht, ich habe im Leben nicht viel ausgelassen. Man kann bei diesem Seminar bis zu vier Punkte abbauen. Der Spaß kostet 250€. An vier Samstagen mussten die Teilnehmer jeweils für drei Stunden zur Theorie.

Am fünften Samstag mussten alle Teilnehmer eine halbe Stunde, mit dem Fahrlehrer auf dem Beifahrersitz, autofahren. Es saßen jeweils zwei „Kollegen" von mir auf dem Rücksitz, diese sollten notieren was ihnen gefällt und was nicht. Nach jeweils einer halben Stunde wurde gewechselt. Nach fünf interessanten Wochen mit Fahrschulunterricht und einer Fahrstunde war es geschafft.

Ich bekam ein paar Wochen später die Bestätigung aus Flensburg. Nur noch ein Punkt auf der Liste. Somit durfte ich meinen Sohn beim Autofahren begleiten.

Ich weiß ja nicht, was ich meinem Sohn beigebracht habe, aber so war das nicht geplant; mein Sohn hat in der Zwischenzeit den Führerschein zweimal für einem Monat abgeben müssen.

Ich dagegen musste den Führerschein noch nie abgeben.

Auf einem von unseren spontanen Trips in den Spreewald, zu Pfingsten des Jahres *2012*, sind wir auf der Heimfahrt mal wieder in einen Stau geraten. Der Stau befand sich am Autobahn Dreieck, an dem ich die Panne *1991* hatte. Nur eben in der anderen Richtung. Zufall?

> Es passiert meiner Meinung nach nicht viel
> zufällig im Leben, alles hat eine Bedeutung.

Wir fuhren auf das Stauende auf, standen gefühlt ein paar Sekunden auf der rechten Spur. Da sah ich im Rückspiegel einen silbernen Mercedes auf uns zukommen, er war viel zu schnell. Der Fahrer versuchte zu bremsen, die Reifen quietschten, und es qualmte heftig.

Ich reagierte blitzschnell! Legte den Gang ein und fuhr auf den Randstreifen am Auto vor uns vorbei. Es war einer dieser Momente, in denen man meint die Zeit läuft in Zeitlupe ab, kennt ihr das?

Das Auto, welches ein paar Sekunden noch vor mir gestanden hatte, wurde voll getroffen. Die Wucht des Aufpralls war so stark, dass die Autos ineinander gedrückt wurden. Der Wagen, der noch kurz vorher vor mir gestanden hatte, hob ab und flog über meinen Kofferraum in den Straßenrand. Es knallte und krachte mit einer ohrenbetäubenden Lautstärke. Dutzende weitere Autos knallten ins Stauende. Ein Alptraum!

Ich stoppte meinen Wagen außerhalb der Gefahrenzone, rief sofort den Rettungsdienst und anschließend die Polizei. An der Unfallstelle brach das blanke Chaos aus, die Menschen schrien und versuchten sich aus den zum Teil brennenden Autos zu retten. Einige liefen in Richtung der Autos, die noch auf uns zufuhren, um diese mit Handbewegungen zu warnen. Der größte Teil der nicht verletzten Personen versuchte zu helfen, wo es nur ging. Die Lage war unübersichtlich, ich denke es waren an die 30 Autos die ins Stauende krachten.

An diesem Tag hatten alle Beteiligten einen Schutzengel dabei. Mehrere Menschen mussten schwerverletzt ins Krankenhaus eingeliefert werden, aber Gott sei Dank verlor keiner an diesem Tag sein Leben. Der Unfall hat uns noch lange danach beschäftigt. Was wäre wohl passiert, wenn ich den auf uns zukommenden Wagen nicht gesehen hätte. Mit der Zeit hört man auf, daran zu denken, das Leben muss schließlich weiter gehen.

Und so ging es weiter.

Wir bleiben noch im Jahr 2012

Mein 16-jähriger Sohn hatte im Herbst des gleichen Jahres die Möglichkeit an einer exklusiven Camp-Woche in den Schweizer Alpen teilzunehmen. Es waren alles Kinder von Agenturinhabern. Die Kids hatten eine Woche lang einen tollen Lehrgang in einem Top Hotel in der Schweiz. Das Ziel des Camps war es neue Wege aufzuzeigen und neue Möglichkeiten der Betriebsgründung durchzuplanen.

Natürlich gab es auch eine Menge Freizeitaktivitäten für die Kids. Bei einer der geführten Aktivitäten ist mein Sohn beim Downhillfahren mit einem Roller, welcher extra für diesen Zweck konzipiert war, schwer gestürzt und brach sich das -- linke Handgelenk. Welch eine Gemeinsamkeit, nur mit dem Unterschied, dass mein Sohn operiert werden musste. Der Unfall passierte am letzten Tag vor der Heimreise. Der Leiter des Camps informierte mich telefonisch.

Sofort rief ich im Krankenhaus an, und konnte mit dem behandelnden Arzt und meinem Sohn sprechen.

Wir entschieden, dass mein Sohn hier zu Hause vor Ort operiert werden sollte. Das mit der Operation verbundene Risiko, dass unser Sohn nach der Operation noch längere Zeit wegen der Nachbehandlung in der Schweiz bleiben musste, war uns zu hoch. Er bekam für die Heimreise einen Gips angelegt. Mit Schmerzmitteln überstand unser Sohn die Zugfahrt bis zur Domstadt am Rhein sehr gut. Wir, meine Frau und ich, holten unseren tapferen Jungen samstags am Bahnhof ab. In der Zwischenzeit hatte ich mit dem Oberarzt des Krankenhauses vor Ort gesprochen. Wir konnten direkt vom Bahnhof ins Krankenhaus fahren. Er wurde untersucht und geröntgt.

Die Operation fand zwei Tage später am Montag statt. Es gab keine Komplikationen und die Operation verlief sehr gut. Unser Sohn bekam eine Schiene eingesetzt, und der Bruch wurde mit 6 Schrauben fixiert. Die Schiene musste aber irgendwann wieder entfernt werden. Ein Jahr später wurden die Schrauben und die Schiene in einer weiteren Operation aus dem Handgelenk entfernt. Auch diese Operation überstand unser Sohn sehr gut.

Die Besonderheit: Wir tragen beide seit den Unfällen unsere Uhren am rechten Handgelenk.

Im gleichen Jahr gab es noch ein unangenehmes Thema

2012 – Familiendrama

Zwei Jahre nach dem Tod seiner Frau, lernte mein Stief-Schwiegervater eine neue Frau kennen. Ein trauriges Kapitel der Familiengeschichte wurde aufgeschlagen.

Die neue Frau übernahm das Zepter und sorgte dafür, dass ein großer Streit in der Familie ausbrach. Der Stiefvater meiner Frau zeigte sein wahres Gesicht. Damals wusste ich viele Dinge nicht. Die Geschwister machten gute Miene zum bösen Spiel. Ich habe in meinem Leben einige verlogene Menschen kennen gelernt. Er ist einer der Top drei. Er war auch der Grund, warum meine Frau schon mit 14 Jahren überwiegend bei der Oma gewohnt hatte. Das habe ich alles erst später erfahren.

Mein Schwager sollte eigentlich das Haus der Mutter erben. Er wohnte auch nach dem Tod seiner geliebten Mutter im Haus mit dem Stiefvater Manfred zusammen. Er hat meinen Schwager aus dem Haus getrieben. Manfred wollte unbedingt das Haus für sich und seine neue Frau alleine haben.

Familien vor Gericht.

Bis damals dachte ich, das gibt es nur im Fernsehen. Bevor der Streit eskalierte, hatten wir ihm ein gutes Angebot unterbreitet, damit dieses Haus im Besitz der Geschwister blieb. Er hat nicht zugestimmt. Alle Versuche, dass sich nun anbahnende Drama versöhnlich zu regeln, prallten an ihm ab. Als von ihm ein unverschämtes Angebot zur „Auszahlung" der Kinder kam, habe ich meinen Anwalt eingeschaltet.

Es endete traurigerweise vor Gericht. Bei dieser Geschichte tun sich die Abgründe der Menschheit auf.

Er musste die Kinder letztlich einigermaßen angemessen auszahlen.

Bis zu dem Moment hatte ich noch einen ganz kleinen Funken Verständnis. Schließlich hat er das Haus selber gebaut. Dass er das Haus dann behalten wollte, konnte ich verstehen, nur die Art und Weise war nicht okay. Dies war aber nicht das Ende der Geschichte. Kurze Zeit später hat er dieses Haus verkauft. Damit war klar, er wollte nie selber dort wohnen bleiben. Er wollte mit aller Macht verhindern, dass sein einziges Kind oder eines seiner Stiefkinder dieses Haus bekommt. Dieser Mann ist für mich an dem Tag gestorben, als er seine Tochter und seine Stiefkinder vor Gericht gezerrt hat. Ich bete jeden Tag zum Herrgott, dass er mir nicht über den Weg läuft. Wenn dieser Tag kommt, weiß ich nicht wie ich reagieren werde. Besser ich sehe ihn nie wieder!

2013 – Mir fehlen die Worte

Es brach das Chaos bei mir aus. Es passierte so viel gleichzeitig, dass es mir manchmal den Atem raubte.

„Das Leben besteht nicht aus den Momenten in denen du atmest, es sind die Momente die dir den Atem rauben", sagte einst ein schlauer Mensch.

Am *28.12.2012*, einem Freitag, unterschrieb ich morgens in meinem Büro den neuen Agenturvertrag, und war überglücklich. Ich war am Ziel angekommen.

Zwei Stunden später rief mein Vater an und teilte mir mit, dass meine Mutter kollabiert sei und mit dem Krankenwagen auf dem Weg ins Krankenhaus sei.

Meine geliebte Mutter verstarb fünf Tage später zu Beginn des Jahres 2013 nach einer Lungenembolie. Nach schwerer und langer Krankheit musste sie viel zu früh aus dem Leben scheiden. In den letzten 15 Jahren hatte mein Vater sich rührend um meine Mutter gekümmert. Mama war schon länger sehr schwer krank, sie hatte mehrere Herzinfarkte, Darm- und Magenkrebs, Probleme mit den Nieren und der Leber. Das hat sie alles weggesteckt und alles gut verkraftet. Aber sie hatte einen langen Leidensweg.

Mein Vater hat sie aufopferungsvoll gepflegt, bis zum letzten Tag. Jetzt stand mein Vater ganz alleine da, seine geliebte Frau war nicht mehr bei ihm. Wir haben alles versucht um meinem Vater Trost zu spenden. Es war eine sehr schwere Zeit für uns alle, erst recht für meinen Vater. Pap musste sich daran gewöhnen alleine zu sein.

Dann kam der nächste Schlag in unserem Leben. Mein Vater war in seinem ganzen Leben nie krank, er hatte keine Zeit krank zu sein, er hat sich immer um meine Mutter gekümmert.

Eineinhalb Jahre nach Mutters Tod, im Jahr *2014,* wurde bei einer Untersuchung zuerst weißer Hautkrebs, und kurze Zeit später ein Tumor in Höhe des rechten Ohres diagnostiziert. Der Tumor war bösartig und sehr aggressiv. Die Speicheldrüse war mit angegriffen. Der Professor der Klinik sagte ohne Umschweife: „Ohne Operation bleiben ihrem Vater keine drei Monate mehr"!

Wieder einer dieser Momente in denen die Zeit still steht.

Mein Vater musste sodann mit 76 Jahren zu einer schweren Operation antreten. Pap war ein Kämpfer, die Operation dauerte über 10 Stunden. Ihm wurde leider sehr viel von der betroffenen Gesichtshälfte weggeschnitten, alle Lymphknoten, die einen Befall zeigten, wurden entfernt. Er hat diese schwere Operation sehr gut verkraftet. In einer zweiten Operation, circa zehn Wochen später, wurde eine Transplantation durchgeführt. Die betroffene Gesichtshälfte wurde wieder aufgebaut.

Pap hat sich wieder gut zurück ins Leben gekämpft. Hat seine Therapie, eine Strahlentherapie, über sich ergehen lassen. Mein Vater musste einmal in der Woche, mit einer speziell für ihn angefertigten Maske, zwei Stunden auf einer Liege mit dem Kopf fixiert in einer Art Laserraum verbringen. Der eventuelle Rest des Krebses musste mit Laserstrahlen beschossen werden, das Ganze dauerte ein halbes Jahr.

2014

sollte unser letztes gemeinsames Weihnachten sein. Im Januar *2015* klagte mein Vater über Beschwerden im Bauchraum. Wir fuhren gemeinsam mit ihm zum Arzt. Der Arzt stellte nach einigen Untersuchungen, Magen- und Darmkrebs fest. Der Krebs war schon weit fortgeschritten. Auch hier redete der Arzt nicht lange drum herum. Er konnte meinem Vater nicht mehr helfen.

Ich denke durch die Therapien im Vorjahr hatte er alles verdrängt, und die Schmerzen vielleicht nicht als bedrohlich wahrgenommen.

Mein geliebter Vater wurde an einem Dienstagabend ins Krankenhaus eingeliefert und verstarb genau drei Wochen später auch an einem Dienstag.

> Die Ohnmacht, die über dich kommt, wenn ein geliebter Mensch von dir geht, ist nicht zu beschreiben.

Für mich brach eine Welt zusammen, wieder ein Schicksalsschlag, wieder eine Situation, mit der man erst einmal zurechtkommen musste. Es stand uns wieder eine harte Zeit bevor.

Mein Vater fehlt mir sehr, am meisten vermisse ich die Gespräche über den Fußball und die gemeinsamen Stadionbesuche. Ich konnte meinen Vater alles fragen; wenn ich etwas nicht wusste, rief ich meinen Vater an, er hatte meistens eine Lösung parat. Heute denke ich noch manchmal: Könntest du jetzt Pap anrufen, er wüsste was zu tun wäre.

Manchmal werde ich von meinem Arzt gefragt, wie ich die ganzen Erlebnisse der letzten Jahre überhaupt verarbeitet habe, wie ich das alles verkraften konnte. Ich muss sagen, ich weiß es nicht, ich mache einfach weiter, es muss immer weiter und immer weiter gehen. Vielleicht wird der Moment kommen in dem ich selber in meine Schranken gewiesen werde.

> -- Aktuell habe ich manchmal schon das Gefühl, dass mir mein Körper etwas sagen will. –

Wir müssen nochmal zurück zum Anfang des Jahres 2013.

Als wir einsehen mussten, dass unsere geliebte Mutter es nicht schaffen konnte, haben wir händeringend versucht unsere Tochter zu erreichen. Wir hatten unsere Tochter seit über vier Monaten nicht mehr gesehen, sie war wieder komplett abgestürzt und hatte sich in irgendeinem Loch verkrochen. Wollte wieder von uns nichts wissen, war wieder komplett in die andere Welt eingetaucht.

Wie durch ein Wunder meldete sie sich an dem Tag, an dem meine Mutter morgens verstarb. Wir haben sie an einem ausgemachten Treffpunkt abgeholt. Unsere Tochter ist auch bis zur Beerdigung bei uns geblieben. Sie erzählte, sie habe sich gerade neu verliebt, und es wird alles besser werden. Ihr neuer Freund nimmt bestimmt keine Drogen und passt auf sie auf. Alles ist so toll. Wieder einmal.

Es sollte sich leider genau andersherum darstellen. Dazu komme ich noch in der Erzählung aus einem anderen Jahr. Nur kurz dazu, es gab leider wieder einen Zwischenfall nach der Beerdigung. Danach war der Kontakt zu unserer Tochter wieder einmal für mehrere Monate beendet. Sie meldete sich eines Tages bei meiner Frau und teilte mit: Ich bin schwanger! Ich fand das nicht toll, war ziemlich verzweifelt, meine Frau hingegen freute sich, ganz im Gegenteil!

Für meine Frau war in dem Moment die Hoffnung größer, als der Verstand.

Sie hat immer geglaubt, dass unsere Tochter es schafft: ich
hingegen habe es immer nur gehofft!
Es war die große Chance,

ein Kind,
endlich clean,
endlich keine Drogen mehr,
endlich Verantwortung übernehmen.

Eine neue Hoffnung.

Meine Magen Darm Probleme und meine Bauchspeichel-drüsenerkrankung, alles fing in *2013* an. Es folgten einige Untersuchungen wie Ultraschall, Magenspiegelung, Darmspiegelung und MRT.

Bei meinem ersten MRT in Jahr *2013* hatte ich ein mulmiges Gefühl. Ich kannte zwar den Ablauf der Prozedur, weil ich mit meinem Vater bei einem MRT meiner Mutter zugegen war. Trotzdem war ich nervös.

Zum Ablauf: Man wird auf eine Art fahrbare Pritsche geschnallt. Sozusagen fixiert. Das erhöht die Chance auf gute Bilder. Die Arzthelferin gibt über einen Lautsprecher „Kommandos" bezüglich der Atemtechnik. Es muss in einem vorgegebenen Rhythmus geatmet werden. Ein komisches Gefühl in der engen Röhre. Die „Maschine" machte laute Klack-Geräusche, nicht wirklich beruhigend.

Nach einer gefühlten Ewigkeit wurde ich halb rausgezogen. Man spritzte mir für den letzten Durchgang ein Kontrastmittel. Die junge Dame spritzte nur leider nicht in meine Vene, sondern daneben. Es war sehr schmerzhaft, und ich fragte ob das normal wäre. In diesem Moment bemerkte sie ihren Fehler und setzte die Nadel neu an, diesmal richtig.

Nach dem MRT wurde das Ergebnis mit dem Arzt besprochen. Alles im grünen Bereich, keine großen Auffälligkeiten. Ich war beruhigt, hatte nur von dem Kontrastmittel Schmerzen im Arm. Wir, mein Sohn hatte mich begleitet, fuhren nach Hause.

Zuhause wurde mir übel, der Arm war mittlerweile so dick, wie bei Popeye.

Ich kollabierte, kam aber recht schnell wieder zu mir. Mein Sohn hat den Arzt angerufen und mich zurück in die Praxis gebracht. Der Arzt sagte, es sei eine Unverträglichkeitsreaktion, weil doch einiges daneben gespritzt wurde.

Ich bekam einen Verband mit spezieller Salbe, den musste ich drei Tage tragen und regelmäßig wechseln. Nach diesen drei Tagen war es überstanden.

Beim zweiten MRT in Jahr *2015* lief dann alles nach Plan und ohne Beschwerden.

Danach wurde bei mir der Helicobacter pylori diagnostiziert. Diese Bakterien erhöhen laut WHO das Magen- und Darmkrebs Risiko um über 50 Prozent.

Man wird den Helicobacter los indem man eine Standard Tripeltherapie aus zwei Antibiotika und einem Protonenpumpeninhibitor einsetzt. Zehn Tage Tabletten, die haben mich wirklich umgehauen. Man fühlt sich schlapp und elendig. Zu essen gibt es in der Zeit eine sehr überschaubare Menge. Ich schaffte es aber die Bakterien loszuwerden.

Über die Jahre hat sich der Zustand merklich verschlechtert. Die Bauchspeicheldrüse ist in Mitleidenschaft gezogen und chronisch entzündet.

Es gibt vier Stufen der Entzündung nach Cambridge, meine Entzündung ist bei der Stufe zwei. Viel besser wird es nicht mehr werden, sagen mir die Ärzte. Ich denke, das habe ich dem ganzen Stress in all den Jahren zu verdanken.

Momentan ist der Zustand der Bauchspeicheldrüse recht stabil. Aktuell geben sich Entzündungen im Darm die Hand. Die Entzündungen gehen mit starken Schmerzen einher. Ich hoffe es soweit in den Griff zu bekommen, dass es vorerst nicht zu einer Operation kommen muss.

Wir bleiben noch im Jahr 2013

Für unseren Sohn stand das erste Zeugnis der weiterführenden Schule an. Er war auf dem Weg zum Fachabitur.
Wer hätte dies, ein paar Jahre zuvor, für möglich gehalten? Ich glaube keiner, der meinen Sohn kennt. Hauptschüler, dies ist keine Wertung, mehr schlecht als recht! Bis zur achten Klasse waren die Noten nicht der Erwähnung wert.

Im neunten Schuljahr kam die Wende. Mein Sohn hatte bei mehreren Berufsberatungen in der Schule verstanden, dass, wenn er nach der „normalen" Schule weitermachen möchte, es von Vorteil ist, wenn er den 10b Abschluss hat. Das ist ungefähr wie ein Realschulabschluss. Die neunte Klasse war weitaus besser als die vorangegangenen Schuljahre. Es reichte aber nicht zur Qualifikation zur 10b Klasse. Mein Sohn hängte sich rein, und zeigte den Lehrern wie schlau er wirklich ist.

Er durfte dadurch zum Halbjahr der zehnten Klasse in die 10b wechseln und machte einen ordentlichen Abschluss. Mein Sohn ist sehr intelligent, nur leider auch sehr lernfaul. Wenn er aber eingesehen hat, dass es wichtig ist, dreht er voll auf.

Das erste Zeugnis der weiterführenden Schule war richtig gut. Wir waren so stolz!

Im März des gleichen Jahres klingelte eines Tages gegen Mittag das Telefon. Ich war zu Hause, hatte einen Termin vor Ort. Die Klassenlehrerin rief an. Die Lehrerin wollte sich nach meinem Sohn erkundigen, ob alles okay wäre, er sei ja nun schon seit einigen Tagen nicht zum Unterricht gekommen. Sie wollte wissen ob er krank sei; da das Zeugnis ja schon sehr schlecht war, und momentan die Noten auch nicht gut wären, mache sie sich Sorgen. Ich musste erstmal schlucken und mich hinsetzen. Ich log, indem ich sagte er habe Magenprobleme.

Nachmittags, nach der „Schule", stellte ich meinen Sohn zur Rede. Der Tod meiner Mutter, sprich seiner Oma, hatte ihn schwerer getroffen, als wir dachten. Mein Sohn hatte die Lust am Lernen verloren und sehr oft die Schule geschwänzt. Ich sprach das Zeugnis an, weil die Lehrerin sagte es sei schlecht gewesen. Mein Sohn gestand, dass er das Zeugnis gefälscht hatte. Danach zeigte er mir das echte Zeugnis, es war unter aller Kanone. Die „blauen Briefe" der Schule, die ein halbes Jahr zuvor zugestellt wurden, hatte er abgefangen.

Da ich im Telefonat mit der Lehrerin gesagt hatte: Das könnte nicht sein, da das Zeugnis doch gut war, kam prompt der Brief der Schule. Wir, mein Sohn und ich, mussten zum Schuldirektor. Es war ein Gremium aus Rektor, Klassenlehrerin und einem Vertrauenslehrer. Mein Sohn musste erklären wie es zu seinem Leistungsabfall gekommen sei. Ich musste erklären warum wir angeblich nichts bemerkt hatten.

Einer der Stunden im Leben, die man nicht vergisst, aber schnell vergessen möchte. Unser Sohn bekam eine Abmahnung und durfte unter „Bewährung" das Schuljahr zu Ende machen. Er blieb in diesem Jahr zum ersten Mal sitzen und musste das Schuljahr wiederholen. Das zweite Jahr klappte ohne Probleme, und er schaffte mit „echten" guten Noten die Versetzung in die höhere Klasse.

Mitte des dritten Schuljahres verstarb mein Vater. Mein Sohn war am Boden zerstört, wie wir alle. Er vergeigte wieder das Schuljahr und musste auch das eigentlich zweite Jahr der Schule wiederholen. Somit brauchte er vier Jahre, anstelle der geplanten zwei Jahre, für sein Fachabitur. Er hat nicht einen Tag für die Abschlussprüfungen gelernt und es doch mit einem guten Notenschnitt bestanden.

Ein schlauer, fauler Junge.

2013 ein weiteres Jahr, welches man löschen möchte, aber man kann es nicht vergessen.

Die Geburt unseres ersten Enkelkindes beendete dieses Jahr mit einem glücklichen Moment.

Wir wurden früh Oma und Opa!

Zum Schluss des Jahres wurde uns somit noch ein schöner Moment geschenkt.

Dem Motto treu; schlimmer geht immer,
folgten die bis dato härtesten fünf Jahre meines Lebens.

2014-2019
ohne Pause, ohne die Möglichkeit Luft zu holen.

Schnallt euch an, wir nehmen Fahrt auf.

2014 –
die zweite Steuerprüfung, Anklage in einer Strafsache

Es ging weiter bergab, ich bin wieder in den Fokus des Finanzamtes geraten, weil ein Kollege in seinem landwirtschaftlichen Betrieb eine Steuerprüfung hatte. Wir waren schon lange in geschäftlicher Verbindung zueinander. Das Finanzamt prüft in diesen Fällen schon mal gerne „Quer", das heißt, sie prüfen einige Geschäftspartner. Bei mir war diese Prüfung aber kein Zufall, es steckte wieder der schlechte Mensch der Fahndung dahinter.

Gegen meinen Bekannten ermittelte die Steuerfahndung wegen des Verdachts auf Steuerhinterziehung. Im Zuge dessen musste ich auch als Zeuge aussagen und wurde bei mir zu Hause als „Zeuge" vernommen. Es war keine wirkliche Zeugenbefragung, es fühlte sich eher wie ein Verhör an.

  Die Ermittler der Steuerfahndung fragten auch sehr viel über meinen Betrieb. Dies hatte letztendlich gar nichts mit der Steuersache meines Bekannten zu tun. Ich unterbrach die Befragung und fragte:

  „Beschuldigen Sie mich in irgendeiner Art und Weise?"

  „Ich denke, dass ich jetzt nichts mehr sagen werde und meinen Anwalt anrufe". „Damit ist hiermit für mich die Befragung beendet". Einer der Fahnder versuchte sofort Druck aufzubauen, indem er sagte: „Wenn sie nicht kooperieren und keine Fragen beantworten, kann ich sofort hier und jetzt eine Steuerprüfung veranlassen und die Herausgabe ihrer Geschäftsunterlagen verlangen".

Der andere Fahnder, dieser schon bekannte und durch und durch schlechte Mensch, sagte dann zu dem Kollegen:

  „Lass uns mal kurz rausgehen"!

Die beiden Menschen gingen miteinander auf unsere Terrasse, tuschelten und kamen wieder zurück.

Sie entschuldigten sich und wollten die letzten Fragen noch stellen. Ich beantwortete die Fragen wahrheitsgemäß, sollte dann noch einige Quittungen nachreichen, und damit war das Thema für mich erstmal beendet. Mein Anwalt meinte später, ich hätte gar nichts mehr sagen sollen.

Gut einen Monat später bekam ich dann den offiziellen Zustellungsbescheid für die nächste steuerliche Außenprüfung. Ich würde jetzt gerne ein paar Schimpfwörter benutzen. Tue ich aber nicht, dafür bin ich zu gut erzogen. Das Finanzamt prüft in der Regel drei aus den fünf zurückliegenden erklärten Jahren. Das heißt im Klartext:

Die Prüfer dürfen aus den fünf letzten Jahren drei Jahre aussuchen.

Der Steuerprüfer, es war derselbe wie bei der ersten Prüfung, hatte sich dieses Mal bei meinem Steuerberater einquartiert. Die Prüfung dauerte vierzehn Tage vor Ort. Danach dauerte es noch ein nervenaufreibendes Jahr, mit mehreren Verhandlungen und unzähligen Diskussionen mit Steuerprüfer und Steuerberater, bis zum Ergebnis im Jahr *2015*.

Dem Prüfer waren angebliche Unregelmäßigkeiten aufgefallen. Mit dieser Vorgabe durfte das Finanzamt sogar alle fünf zurückliegenden Jahre prüfen. Geprüft wurde somit bis *2009* zurück. Es war alles ein abgekartetes Spiel dieser schlechten Menschen.

Das ergibt sich später an anderer Stelle.

Du kannst im Grunde nichts dagegen unternehmen, du bist Zuschauer in einem Spiel, welches du nicht gewinnen kannst. Es hatte zur Folge, dass ich für alle fünf Jahre Steuern nachzahlen musste.

Zum Ende der Steuerprüfung musste ich eine recht hohe fünfstellige Summe nachzahlen. Wir hatten in diesem Jahr eigentlich vor ein Grundstück zu kaufen, und hatten hart dafür gespart.

Kennt Ihr diesen Moment, wenn eine Seifenblase platzt? So zerplatzte damals der Traum ein neues Haus zu bauen. Wir haben dieses Geld einsetzen müssen, dazu noch eine fünfstellige Summe bei der Bank leihen müssen. Nur so konnten wir uns von dieser Steuerlast befreien. Ich war in der glücklichen Lage, dass meine Firmen zu dieser Zeit gut liefen, und ich mit den Banken zusammen diese extrem hohe Steuerlast begleichen konnte. Damit aber nicht genug, ich war jetzt vorgemerkt, und in den folgenden Jahren blieb das Problem. Das Finanzamt wartete ab, bis die nächsten drei Jahre eingereicht waren, und schlug wieder zu.

Schon einen Monat nach Beginn der Steuerprüfung, war uns ein Schreiben von der Staatsanwaltschaft ins Haus geflattert. Es wurde mir bekanntgegeben, dass ein Ermittlungsverfahren gegen mich läuft. Ich bekam die Ladung zu einer Aussage bei der Polizei. Daraufhin rief ich meinen Anwalt an, dieser sagte, dass er die Akte anfordern würde, und er kümmere sich um den Termin bei der Polizei.

Zum Ende des Jahres rief mein Anwalt an, er habe die Akte vorliegen, und wir sollten einen Termin vereinbaren. Wie sich herausstellte, ermittelte die Staatsanwaltschaft gegen mich und meinen Bekannten wegen Betruges in besonders schwerem Fall.

Ich viel aus allen Wolken und konnte es nicht glauben.

Zum Hintergrund! Der Steuerfahnder hatte mich ja bei dem Steuerstrafverfahren des Bekannten als Zeugen befragt, sich daraufhin etwas zusammengereimt und dem Staatsanwalt, der für das Steuerstrafverfahren des Bekannten zuständig war, seine Aktennotiz geschickt. Mit Nachdruck hat er darauf hingewiesen, dass wir gemeinsam einen Betrug begangen hätten.

Der junge Staatsanwalt folgte dem Fahnder und eröffnete die Ermittlungen gegen uns. Die Anklageschrift wurde im Dezember *2014* zugestellt. Im Wesentlichen glich die Anklage der Aktennotiz des Steuerfahnders. Das Gericht musste nun über die Zulassung der Anklage entscheiden.

2015 im April, zwei Monate nachdem mein geliebter Vater verstorben war, kam die Zustellung der Klage vom Gericht. Die Hauptverhandlung des Prozesses sollte im September des Jahres stattfinden.

Aus beruflichen Gründen musste ich schon einige Male bei Gericht als Zeuge aussagen. Ich kannte das Prozedere! Bei größeren Gerichtsgebäuden muss man einzeln in eine Art Schleuse, dort wird man kontrolliert, ähnlich wie am Flughafen. Beim Verlassen des Gebäudes muss man durch eine Doppeltüre, die Ausgangstüre öffnet sich erst, nachdem die Innentüre geschlossen ist.

Angeklagter in einer Strafsache, die eventuell auch mit einer Gefängnisstrafe enden konnte, das war absolutes Neuland für mich. Vor Gericht zu stehen, angeklagt zu sein, dies war ein ganz anderes Kaliber. Diesen Bereich hatte ich vorher noch nie betreten. Konnte mir überhaupt nicht vorstellen, wie der Ablauf sein sollte, und dachte: Falls ich verurteilt werde, würde ich direkt in Handschellen abgeführt. So kannte man es ja aus dem Fernsehen.

Von April bis September hatte ich eine schlimme Zeit, und habe, wenn überhaupt, sehr schlecht geschlafen. Habe mir nächtelang Gedanken gemacht. Hatte die wildesten Träume, was ist, wenn sie dich einsperren, weil ich meine Unschuld nicht beweisen kann. Was ist dann mit deiner Familie, wie soll es weitergehen. Mein Anwalt und ich haben in dieser Zeit die Anklageschrift zigmal gelesen und uns eine Strategie zur Verteidigung überlegt. Die Anschuldigungen waren an den Haaren herbeigezogen.

Nun kam der Tag der Hauptverhandlung!

Obwohl ich ja wusste, dass alle Vorwürfe nicht stimmten, war mir durchaus bewusst, dass das Urteil bei Gericht immer in der Hand des Richters lag.

In den Jahren zuvor bei Gericht hatte ich schon einiges erlebt, deshalb hatte ich Angst. Angst um meine Existenz, Angst um meine Familie und auch natürlich Angst vor dem

Knast. Die Anklage fußte auf der Zeugenaussage eines ehemaligen Mitarbeiters meines Bekannten, die durch den Steuerfahnder aufgenommen wurde.

Der Fahnder wollte uns mit allen Mitteln, egal, ob legal oder illegal, ins Gefängnis bringen. Er war für den ersten Prozesstag gar nicht geladen, er sollte erst am zweiten Verhandlungstag aussagen. Er erschien trotzdem und drängte sich über den Staatsanwalt beim Richter auf. Er sei zufällig hier und könnte ja nun auch schon aussagen. Der Mensch war so heiß darauf, uns in die Pfanne zu hauen, dass er es kaum abwarten konnte.

Dieser Übereifer sollte sich im weiteren Verlauf des Prozesses aber als positiv für uns herausstellen. Karma?

Bei der Befragung in der Steuerstrafsache des Bekannten hatte der Hauptbelastungszeuge angeblich ausgesagt: Er hätte im Jahr *2008* den Schaden auf dem bestimmten Feld verursacht. Der Fahnder sagte aus, der Zeuge habe sofort dieses Feld erkannt und gesagt: „Der Angeklagte Maier hat mir den Auftrag gegeben, ich sollte dieses Feld zerstören".

„Die Maschinen wurden vom Angeklagten so eingestellt, dass die Pflanzen zerstört werden sollten". Der Zeuge hätte weiter ausgeführt, ihm wäre die Zerstörung der Pflanzen sofort aufgefallen. Gedacht habe er sich aber nichts dabei, er war der Meinung das Feld würde aufgegeben werden, dann wäre es okay. Diese Aussage an sich ist ja schon ein Widerspruch.

Deswegen saßen wir jetzt vor Gericht. Es wurden acht Zeugen aus verschiedenen Bereichen vernommen, die abenteuerlichsten Geschichten und Vermutungen wurden zum Besten gegeben. So sagte zum Beispiel einer der Steuerprüfer, der mich damals, bei der Steuerprüfung meines Bekannten, als Zeuge vernommen hatte, aus: „Die Aussagen des Zeugen Herr Tuen waren im Bereich der landwirtschaftlichen Tätigkeit nicht flüssig und nicht überzeugend".

Der Prüfer wollte mir die landwirtschaftliche Erfahrung absprechen, weil ich angeblich Fragen zum Pflanzenschutzspritzmittel nicht zügig beantwortet hätte. Der Zeuge machte mir den Vorwurf, dass ich ausgesagt hätte, dass ich im Jahr *2008* keinen Nachweis, über die Erlaubnis Pflanzenschutzmittel zu spritzen, hatte. Den brauchte ich auch zu dieser Zeit noch nicht, dass Gesetz zum Pflanzenschutzmittel wurde erst im Jahr *2012* angepasst, ab *2013* musste somit jeder Landwirt, der Pflanzenschutzmittel selber spritzen wollte, diesen Nachweis erbringen. Er meinte, er könne sich nicht vorstellen, dass ich Erfahrung in der Landwirtschaft habe.

Der Richter hakte nach und wollte vom Zeugen wissen, warum er in der Lage sei, dies zu beurteilen. Der Zeuge sagte daraufhin:

„Als Kind bin ich in einem landwirtschaftlichen Umfeld aufgewachsen, und ich lese einmal im Monat eine landwirtschaftliche Zeitung".

Wäre der Anlass nicht so ernst gewesen, hätte man echt darüber lachen können. Manchmal habe ich mir gedacht, okay, jetzt kommt Guido Cantz um die Ecke und wir sind bei:

„Verstehen Sie Spaß". Aber leider war es die traurige Realität und keine Fernsehshow.

Der Hauptbelastungszeuge wurde vernommen. Zur Erinnerung, der Schaden passierte im Frühjahr des Jahres *2008*, die Verhandlung war im Herbst des Jahres *2015*.

Der Zeuge wurde gefragt, wann er die Aussage bei der Polizei gemacht hätte, und wann er das Feld zerstört hätte. Herr Hohlbirne sagte aus: „Die Aussage bei der Polizei habe ich vor drei Monaten gemacht". Auf Nachfrage, wann er das Feld, bzw. wann er den Auftrag zur Zerstörung des Feldes bekommen hatte, sagte er: „Dies war vor zwei oder drei Jahren, das müsste im Jahr *2012* gewesen sein". Er sagte weiter aus: „Der Angeklagte Maier hat die Maschine extra zu tief eingestellt, damit das Feld zerstört wird". „Beim Fräsen habe ich die Zerstörung bemerkt, ich konnte überall die zerhackten Pflanzenköpfe und die zerstörten Pflanzen sehen". Weiter führte er aus: „Der Angeklagte hat mir auf dem Feld noch gesagt: „Wenn dich einer fragt, kannst du dich an nichts erinnern". Er berichtete weiter, er habe das komplette Feld gefräst und habe für dieses komplette Feld circa 3-4 Stunden benötigt. Nach der Aussage des Zeugen hatte das gesamte Feld eine Größe von ungefähr 5 Hektar. In Wirklichkeit war das Feld knapp 11 Hektar groß! Das kann man ja mal verwechseln.

Dem Zeugen wurden nun Bilder, sprich Luftaufnahmen, dieses Feldes gezeigt. Es sollten angeblich genau die gleichen Bilder sein, die er einige Jahre zuvor vom Steuerfahnder vorgelegt bekommen hatte. Beim Steuerfahnder hatte er angeblich, wie aus der Pistole geschossen, ausgesagt: „Ja genau, dieses Feld habe ich zerstört, ich kann mich ganz genau daran erinnern". Jetzt im Zeugenstand, ohne Hilfe des Fahnders, konnte er sich nicht mehr erinnern, er konnte weder das Feld erkennen, noch konnte er sagen wo das Feld lag.

Das Feld, welches vom Zeugen beschrieben wurde, sah ganz anders aus. Nach seiner Meinung hatte es keinen Mittelweg, auf Nachfrage lagen auch keine Folien am Rand des Feldes. Er schilderte mit welchem Schlepper und mit welcher Fräse er das Feld zerstört hatte. Die Fräse hatte seiner Meinung nach Stahlräder. In dem Schadengutachten war auf den Bildern eindeutig zu erkennen, dass es kleine Traktorreifen aus Gummi waren.

Den angeblichen Schlepper konnte er ziemlich genau beschreiben, Typ und Modell konnte er genau mit den Nummern nennen: dumm nur, dass dieser Schlepper erst im Jahr *2012* auf den Markt gekommen ist. Gute vier Jahre später, nachdem er angeblich mit diesem Schlepper das Feld zerstört hatte.

> Der Zeuge war ein Zeitreisender, geschickt
> von John Conner.

Sorry, aber das musste ich jetzt mal sagen. Er berichtete weiter: „Normalerweise fahre ich LKW, diese Feldarbeit hatte ich zuvor noch nie gemacht, und danach auch nie wieder". Das war schon komisch! Jedem „normalem" Menschen war in diesem Moment klar: Der angebliche Zeuge war nie auf dem Feld, auf dem der Schaden damals passiert ist! Auf Nachfrage des Richters, wie das Ganze überhaupt zustande gekommen sei, sagte er: „Ich habe mich damals selber wegen Schwarzarbeit angezeigt, ich habe von meinem Chef schwarz Geld bekommen". „Mein Chef hatte mich entlassen und lieber billige Kräfte aus den Nachbarländern eingestellt". „Ich wollte auch meinen damaligen Chef anzeigen und es ihm heimzahlen"!

Weiter führte er aus. „Der Mann von der Steuer hatte mir im Gespräch versprochen: Wenn ich ihm helfe und alles aussage, würde ich straffrei aus dieser Sache rauskommen". „An dieses Versprechen hatte der sich leider nicht gehalten, ich musste trotzdem Steuern nachzahlen und die Unterstützung des Amtes zurückzahlen".

Die Aussagen des Zeugen wurden im Laufe des Verfahrens immer wilder und widersprüchlicher. Er sagte weiter aus: „Zwei Tage nachdem ich den Schaden verursacht habe, bin ich am Feld vorbeigefahren, und da habe ich den Kollegen, er zeigte in dem Moment auf mich, auf dem Feld gesehen". Der Richter fragte nach: „Wie konnten Sie sicher sein, dass es der Angeklagte war"?

„Haben sie den Traktor erkannt, was für einen Traktor hatte der Angeklagte?" Der Zeuge sagte:

„Sicher weiß ich es nicht, aber wer hätte es sonst sein sollen". Auf die Frage nach dem Traktor ging der Zeuge nicht ein. Es war eine einzige Farce, wir saßen auf der Anklagebank und konnten nichts dagegen tun.

Durch den Staatsanwalt wurden noch einige andere Sachverhalte in den Raum gestellt, die uns natürlich negativ ausgelegt wurden. Die Zeugenaussagen der Steuerfahnder wurden sehr hoch angesehen, augenscheinlich können hohe Beamte ja nicht lügen, dachte sich der Richter wohl. Alle Zeugen waren gehört, der Staatsanwalt hielt sein Abschlussplädoyer, anschließend waren unsere Anwälte an der Reihe. Es folgte eine dreißigminütige Pause.

Nach den dreißig Minuten waren wir wieder zurück im Saal und warteten auf den Richter. Die Tür des Richterzimmers ging auf. Alle standen von Ihren Plätzen auf, und der Richter verkündete mit den Worten:

„Im Namen des Volkes ergeht folgendes Urteil …".

Da war er wieder, dieser Moment in dem alles wie in Zeitlupe abläuft, man kann nicht atmen, man kann nicht denken.

Der Richter folgte dem Staatsanwalt in einigen Punkten, obwohl der Hauptbelastungszeuge sich ja eigentlich an nichts mehr erinnern konnte, er konnte weder sagen, wann er angeblich gefräst hatte, noch konnte er das Feld bestimmen, auf dem er angeblich diesen Schaden verursacht hatte. Im Urteil war der Richter der Meinung, der Zeuge hatte ein Feld zerstört, er konnte zwar nicht bestimmen, wann und wo, aber er hatte ein Feld zerstört. Die Aussage des landwirtschaftlichen Gutachters, in dem er klar zu verstehen gab, dass einem im Schlepper sitzendem Arbeiter die Zerstörung während der Arbeit nicht auffallen kann, wurde ebenso ignoriert, wie die Aussage des Gutachters, dass man mit einem Schlepper, der eine Fräse über die Kurbelwelle antreibt, maximal mit einer Geschwindigkeit von drei bis fünf km/h fahren kann, und dass es unmöglich ist, dieses Feld in einer Zeit von drei bis vier Stunden zu bearbeiten. Die zum Teil an den Haaren herbeigezogenen Indizien führten dazu, dass mein Bekannter zu einer Freiheitsstrafe von einem Jahr und sechs Monaten verurteilt wurde. Diese Strafe wurde zur Bewährung ausgesetzt.

Ich hingegen wurde freigesprochen.

Man konnte mir keine Mittäterschaft an diesem angeblichen Betrug anlasten.

Der Staatsanwalt legte Berufung ein.

2016 – Operation und der Strafprozess geht in die nächste Runde

Ich sollte im Januar nun endlich nach etlichen Beschwerden operiert werden. Bei den Untersuchungen im Vorfeld wurden zwei Leistenbrüche diagnostiziert, zusätzlich stellten die Ärzte noch einen Nabelbruch fest.

Die Operation sollte sich ja lohnen. Und wieder mal Krankenhaus! Also ab dafür zum Aufklärungsgespräch.

Das Gespräch fand im Krankenhaus statt und verlief sehr gut, ich verstand zwar nur die Hälfte, aber letztlich hatte ich eh keine Wahl! Wenn ich operiert werden wollte, musste ich die mir vorgelegte Erklärung unterschreiben. Man unterschreibt, dass man auch tot auf diesem Tisch liegen bleiben könnte. Naja, die Ärzte sichern sich halt gegen alle Eventualitäten ab.

Der Tag der Operation.

Einer der Tage, die ich nicht so schnell vergessen werde. Wir schreiben den 20. Januar *2016*. Ich checkte am OP-Tag morgens im Krankenhaus ein. Ich öffnete die Zimmertür, trat ein und war erstaunt. Im Zimmer hatte es sich schon ein Gast gemütlich gemacht. Zufälle gibt es!

Ein guter Bekannter von mir hatte sich schon vor zwei Tagen einquartiert. Er musste am Darm operiert werden. Weil er große Angst vor der Darm-OP hatte, wollte er sich an das Krankenhaus gewöhnen. Damit er sich ablenken konnte, hatte er sein halbes Büro dabei. Wir quatschten ein wenig, und recht schnell kam die Schwester mit dem OP-Hemd. Ich musste mich umziehen, nun wurde es ernst. Die Schwester markierte mit einem dicken schwarzen Filsstift beide Leisten und den Nabel. Die Markierung wird gemacht, damit der

OP-Arzt nicht zufällig dem falschen Patienten ein Bein amputiert, oder vielleicht den Blinddarm entnimmt.

Ein paar Minuten später brachte sie mir meine Schlaf-Pille. Die Schwester sagte:

„Bitte schlucken sie die Pille, ich komme sie in 20 Minuten abholen. Ich tat wie mir aufgetragen wurde und schluckte die Pille. Etwas nervös, aber bereit für das Land der Träume.

Es war so ähnlich wie in „Matrix", keine Ahnung was mich erwartete. Die Pille war noch nicht ganz runter, da kamen schon die Schwestern ins Zimmer und holten mich ab.

„Die Traum-Pille habe ich doch gerade erst genommen" sagte ich. Die Schwester schaute mich an und lachte: „Kein Problem, bis wir unten sind wirkt die Pille". Dem war nicht so, ich war hellwach, so könnte man meinen Zustand beschreiben. Komplett bei Bewusstsein, den ganzen Weg nach unten. Durch die berühmte Schleuse, von der normalerweise keiner mehr was mitbekommt, bzw. sich keiner mehr erinnern kann. In der Schleuse wird man umgebettet. Man rutscht vom "Zimmerbett" über eine Art Planke oder Tisch auf die OP-Pritsche. Dann geht es weiter zum Vorbereitungsraum.

Der Anästhesist, den ich ja schon vom Aufklärungsgespräch kannte, fragte: „Wie fühlen sie sich"?

„Ich bin hellwach" sagte ich. Das ich alles mitbekommen habe und ein komisches Gefühl habe. „Kein Problem" sagte der Arzt. Kein Problem schien hier die Standardantwort zu sein. Er legte mir einen Zugang in meine linke Armbeuge.
Er verabreichte mir etwas und meinte, „Entspannen sie sich, es wird schon alles gut werden". Mein Blutdruck wurde gemessen, über 200! Zu hoch! Ich war natürlich sehr aufgeregt. Der Anästhesist sagte:

„Okay wir warten ein paar Minuten". Bei der zweiten Messung war mein Blutdruck normal. Er drehte das Rädchen an der Infusion etwas mehr auf, aus dem leichten Dämmerzustand glitt ich ins Reich der Träume.

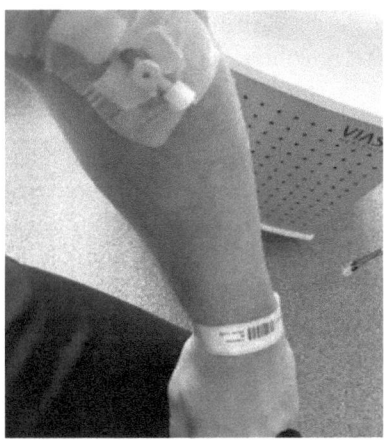

Nach der Operation im Aufwachraum, noch nicht richtig wach, fragte ich den Pfleger:

„Welches Jahr haben wir"? Er schaute mich verdutzt an und fragte: „Wie meinen Sie das"? Ich fragte:

„Haben wir *2016*? Noch immer verdutzt kam die Antwort: „Ja, haben wir"

Der Hintergrund meiner Frage war, dass meine Mutter nach einer Operation drei Tage nicht richtig wach geworden ist. Dieses Phänomen kann vererblich sein.

Albern, meine größte Angst bei der OP war tatsächlich, irgendwann im Jahr *2055*, oder wann auch immer, aufzuwachen. Nach einer guten Stunde wurde ich mit dem Bett ins Zimmer gebracht, und habe erstmal tief und fest geschlafen. Nachmittags bekam ich Besuch, meine Frau und mein Sohn.

Es ging mir wirklich prima und ich durfte gegen 17:00 Uhr schon eine winzige Kleinigkeit essen. Meine Frau ist gegen 20:00 Uhr nach Hause gefahren. Ich war schläfrig und bekam aber Schmerzen. Dachte, okay das ist normal, weil die Betäubung nachlässt. Ich schaute auf meine beiden Blutbeutel, mein rechter Blutbeutel war vollgefüllt.

Ich klingelte nach der Schwester. Sie kam und sagte:

„Oh, das ist ein bisschen ungewöhnlich"! Sie wechselte den Beutel und weg war sie. Um einen Arzt zu fragen, war es wahrscheinlich nicht ungewöhnlich genug.

Der neue Beutel war aber auch innerhalb von 30 Minuten halbvoll. Ich habe mir nichts dabei gedacht, war immer noch ein wenig benommen von der Operation, und fühlte mich sehr schlapp. Ich musste auf die Toilette, bin auch noch bis zur Toilette gekommen. Nach dem Toilettengang beim Aufstehen wurde mir schwindlig, bin raus aus der Toilette und quer ins Zimmer gefallen.

Kollabiert, nennt man das wohl. Mein Bekannter und seine Frau, die zu Besuch war, haben sofort eine Schwester verständigt. Nun ging alles sehr schnell. Mitbekommen habe ich kaum noch etwas, mein Bekannter hat mir zwei Tage später alles erzählt. Zwei Stunden haben die Ärzte mit Ultraschallgeräten versucht die Blutung zu finden.

Mittlerweile hatte sich ein großes Blutgerinnsel im Bauchraum gebildet. Circa 400 ml Volumen. In dieser kurzen Zeit hatte ich rund zwei Liter Blut verloren.

Der Oberarzt kam in der Nacht, und es wurden ständig meine Werte gemessen.

Der entscheidende Wert war wohl der HB Wert. HB steht für Hämoglobin, dies ist für den Sauerstofftransport im Blut verantwortlich. Ist dieser Wert zu niedrig wird das Gehirn und die Organe nicht mehr richtig mit Sauerstoff versorgt. Für eine erneute Operation hätte ich eine Blutkonserve benötigt. Die Blutung konnte vor dem Erreichen der kritischen Marke von 8, bei 8,4 gestillt werden.

Am nächsten Morgen war der HB-Wert relativ stabil, und ich brauchte Gott sei Dank keine Blutkonserve.

Der Chefarzt, der mich operiert hatte, kam zu mir und fragte: „Wie geht es ihnen"? Er entschuldigte sich und meinte: „Manchmal zeigt sich eine kleine Blutung erst, nachdem der Druck aus dem Bauchraum ist".

Kleine Blutung? Ich hatte ja nur zwei Liter Blut verloren bei diesem Missgeschick.

Mein Zimmernachbar war schon unten im OP-Saal. Das Telefon des Chefarztes klingelte, er hob ab und sagte: „Ja, okay, leiten sie die Narkose ein, ich komme runter". Die Ärzte gehen zu einer Operation, wie wir zum Kaffeetrinken, dachte ich mir in dem Moment.

Glück im Unglück. Hätte ich wie geplant ein Einzelzimmer bekommen, es war aber keins frei, wäre ich wahrscheinlich alleine im Zimmer gewesen, als ich kollabierte.

Wenn man mich dann nicht rechtzeitig gefunden hätte, wäre ich innerlich verblutet und könnte dir jetzt nicht aus meinem Leben berichten.

Na herzlichen Glückwunsch.

Die Erholung hat recht lange gedauert. Da es nicht unbedingt sein musste, wollte ich auch keine Transfusion mit fremdem Blut. So wurden es zehn Tage Krankenhaus, anstatt der geplanten zwei Tage.

Ganze vier Wochen benötigte ich, um wieder einigermaßen fit zu werden. Ich musste mir, weil ich viel gelegen hatte, jeden Abend selber eine Thrombosespritze ins Bein oder in den Bauch setzen. Man gewöhnt sich an alles.

Durch den hohen Blutverlust war ich sehr schwach, und musste Eisentabletten nehmen um diesen Blutverlust wieder auszugleichen. Die Eisentabletten habe ich nicht vertragen. Mein Darm meldete sich mit Beschwerden. Ich bekam eine Verstopfung.

Nun musste ich etwas gegen die Verstopfung nehmen. Diese Tortur dauerte ein halbes Jahr. Ein harter Kampf bis ich wieder einigermaßen auf dem Damm war. Mit den Verwachsungen der eingelegten Netze in der „Leiste", kämpfe ich manchmal heute noch. Schmerzen, je nachdem wie ich mich bewege, sind immer noch da. Ich habe seit der Operation zwei Netze in der Leistengegend und wegen des Nabelbruches eine Art Disc am Bauchnabel.

Was letztendlich die Ursache für diesen Blutverlust war, wer da irgendeinen Fehler gemacht hat, lässt sich im Nachhinein natürlich nicht mehr feststellen!

Die Ärzte sagten, das kann immer mal passieren. Soweit so gut, aber damit war es noch nicht vorbei. In den folgenden Wochen nach der Operation bekam ich Schmerzen auf der rechten Seite. Die Ausstrahlungen der Schmerzen kamen mir sehr bekannt vor.

Ich ging zu meinem Hausarzt, weil ich einfach mal eine zweite Meinung hören wollte. Mein Arzt hat mich zum Röntgen geschickt. Siehe da, man hatte mir bei der Operation noch eine Rippe gebrochen.

Ein zweites Blutgerinnsel hatte sich gebildet, deshalb hatte ich zwei Hämatome in meinem Bauchraum.

Um bei der Operation, welche durch eine „minimal Invasive OP", durchgeführt wurde, besser in den Bauchraum sehen zu können, wird der Bauch mit Luft aufgeblasen. Nach der Operation muss die Luft wieder raus. Normalerweise drücken die OP-Helfer die Luft vorsichtig raus. Wer weiß, vielleicht haben die ja auf meinem Bauch Armdrücken geübt. Naja, mittlerweile ist alles soweit gut verheilt. Ich habe zwar, wie gesagt, hier und da noch ein paar Probleme, aber es ist okay. Es hätte schlimmer kommen können. Beängstigend, nach sehr langer Zeit die erste größere Operation, und ich wäre fast auf dem OP-Tisch liegen geblieben.

Noch nicht genug!

Nach *2010*, *2013* und *2015* kündigte sich im Februar des Jahres *2016*, der nächste schwere Schicksalsschlag an.

Bei meinem Schwager wurde ein faustgroßer Lungentumor entdeckt. Leider bösartig, und so ungünstig gelegen, dass er nicht operiert werden konnte.

Als wir dies erfahren haben, fuhren wir gute sechs Wochen nach meiner fast komplett missglückten Operation zu meinem Schwager an das andere Ende Deutschlands. Ich hatte zwar noch große Probleme, konnte aber meine Frau nicht alleine fahren lassen. Somit quälte ich mich förmlich quer durch die Republik. Mein Schwager war mittlerweile im Krankenhaus zur ersten Chemotherapie.
  Die nächste schwere Zeit brach an.

Zwischen meinen Nachbehandlungen wegen der missglückten Operation, fuhren wir immer wieder zu meinem Schwager.
  Die Sorgen wurden größer. Der Tumor hatte mittlerweile metastasiert. So heißt es wohl in der Fachsprache, wenn es plötzlich mehrere Tumore gibt. Mittlerweile war die Niere befallen und im Kopf hatten sich ebenfalls drei kleine Tumore gebildet.

Im Oktober machte er seine dritte und letzte Chemo, danach hatte er keine Kraft und keinen Lebensmut mehr. Ende Dezember ging mein Schwager auf die vorletzte Station vor der großen Reise in eine bessere Welt. Er lebte allein, und somit war ein Hospiz die einzige Möglichkeit.

Im Februar des Jahres *2017* hat mein Schwager und Freund den schweren Kampf gegen diesen schlimmen Krebs verloren. Wir, meine Frau und die Schwester meiner Frau, konnten uns an diesem Tag noch von unserem geliebten Freund und Bruder verabschieden.

Der Krebs hat mittlerweile meine Oma, meine Mutter, meinen Vater und nun auch meinen Schwager viel zu früh aus dem Leben genommen.

-- Fuck Krebs. --

-- Ich hoffe wirklich, ihr bleibt alle davon verschont. --

In der Zwischenzeit hatte mein Sohn sich in einem „In" Restaurant in der kaiserlichen Domstadt für eine Ausbildungsstelle zum Koch beworben. Wie es sich später noch zeigen wird, war das aber nur Plan B, falls das Abi nicht geklappt hätte. Der Restaurantbesitzer war ein Kunde von mir, ich stellte den Kontakt her. Nach der Bewerbung und dem Vorstellungsgespräch wurde mein Sohn angenommen.

Er konnte die Ausbildung in einem der angesagtesten Restaurants der Domstadt beginnen.

Wir waren wieder einmal mächtig stolz auf unseren Sohn. Dies aber nur für kurze Zeit. Nach knapp zwei Wochen rief mich der Küchenchef an und fragte wie es meinem Sohn geht?

-- Déjàvue! --

Der Küchenchef berichtete mir, dass die Schule ihn angerufen hat, weil mein Sohn zum ersten Schultag nicht erschienen sei. Ich konnte es nicht erklären und versprach einen Rückruf. Ab ins Auto und vom Büro nach Hause. Ich fragte meine Frau, ob sie weiß wo unser Sohn ist?

Sie sagte: „Wo soll er schon sein, in der Schule natürlich". Mehrmals versuchte ich ihn zu erreichen, aber ich konnte keinen Kontakt herstellen.

Sein Handy war ausgeschaltet. Meine Frau kam weinend mit einem Brief in der Hand die Treppe herunter. Es war ein Abschiedsbrief meines Sohnes, er teilte uns mit: Es tut mir sehr leid, aber ich kann diese Ausbildung nicht machen. Ich bin weg, bitte sucht nicht nach mir, ich habe in meinem Zimmer einen USB-Stick mit einem Video für euch. In dem Moment brach für uns eine Welt zusammen. Die Zeit stand still, wieder einmal, man kann nicht atmen, man kann nicht sprechen. Wieder ein katastrophales Ereignis in unserem Leben.

171

Wir schauten uns das Video an. Mein Sohn erklärte seine Situation, er wollte sich nicht der Verantwortung stellen und uns nicht enttäuschen, er sah als einzigen Ausweg an wegzulaufen. Er versprach zu unserer Silberhochzeit zurück zu kommen und die Festrede zu halten. Meine Frau und ich waren fassungslos, geschockt, und auch enttäuscht darüber, dass er nicht mit uns gesprochen hatte. Sofort setzte ich mich ans Telefon, ich musste doch etwas unternehmen, nur was? Als erstes rief ich beim Autohersteller an. Mir kam der Gedanke, moderne Autos haben doch alle GPS. Also muss man den Wagen orten können. Volltreffer! Der Autohersteller sagte mir aber, dass sie die Ortung nur bei einem von der Polizei gemeldeten Notfall ausüben dürfen.

Ich rief meinen Freund, den Polizisten an. Günter erklärte mir, ich müsste den Wagen als gestohlen melden und meinen Sohn anzeigen, nur dann könnte man das Fahrzeug orten lassen und den Wagen sicherstellen. Er führte weiter aus, dass dies nicht ohne Risiko sei. Wenn die Kollegen fahnden und zugreifen, könnte es durchaus passieren, dass mein Sohn Angst bekommt und fliehen will. Das birgt das große Risiko eines Unfalls.

Dies konnten wir nicht riskieren. Zudem konnte er ja auch nur zum Bahnhof gefahren sein und mit dem Zug weiter. Was dann? Anzeigen wollte ich meinen Sohn auf gar keinen Fall. Es musste sich noch eine andere Lösung ergeben. Die gab es aber nicht.

Es könnten zehn oder mehr Nachrichten gewesen sein, die ich auf seine Mailbox gesprochen habe um ihn zu einem Rückruf zu bewegen. Gegen 15:00 Uhr, nach einer gefühlten nicht enden wollenden Ohnmacht, kam Gott sei Dank der Anruf unseres Sohnes.

Er war wohlauf und stand kurz vor Rügen, seiner Lieblingsinsel. Wir konnten ihn überzeugen zurückzukommen. Nachts gegen zwei Uhr schlossen wir überglücklich unseren geliebten Sohn wieder in die Arme. Jetzt noch kommen mir manchmal die Tränen, wenn ich an diesen Tag denke.

Die halbe Nacht haben wir uns ausgesprochen. Mein Sohn wollte auf Rügen als Kellner jobben, weiter hatte er nicht gedacht. Er bekam unterwegs Bedenken an seinem Plan und hatte sich gemeldet.

Im Herbst des Jahres *2016*, fast genau ein Jahr später nach dem ersten Prozess, wurde das Gerichtsverfahren gegen mich und meinen Bekannten bei der nächst höheren Instanz, dem Landgericht, neu aufgerollt.

Dieses Mal wurden vier Verhandlungstage angesetzt. Die Zeugen sagten im Wesentlichen den gleichen Unsinn aus, wie schon ein Jahr zuvor. Nur der Hauptbelastungszeuge konnte sich dieses Mal besser erinnern, er wusste welches Feld, er wusste auch etwas besser zu welcher Zeit es gewesen sein sollte, er schwankte zwar zwischen *2007* und *2008*, aber immerhin, er war näher dran. Aber auch hier stimmten die Dauer des Fräsens, die Lage des Feldes und das Modell des Schleppers wieder nicht.

Diesmal standen wir vor einem Senat. Ein Richter und zwei Schöffen. Der Richter war von der ersten Minute an gegen uns. Dies ließ er immer wieder durchblicken, so auch mit einem absurden Vergleich.

Erinnert ihr euch noch an den Staplerunfall meines Sohnes auf dem Hof des Bekannten? Der Richter meinte, der erste Schaden hätte ja gut geklappt, so wollte man es nun mit einer großen Nummer versuchen. Er unterstellte mir, dass ich meinen damals 11-jährigen Sohn, dafür benutzt hätte die Versicherung zu betrügen.

Der Richter war ein arrogantes überhebliches Abbild der Gesellschaft. Er kam sich vor wie eine Art Gott und unfehlbar. Dies stellte sich ein Jahr später, Gottseidank, als genau gegenteilig heraus.

Mein Bekannter wurde in diesem Prozess wieder zu einer Freiheitsstrafe von einem Jahr und sechs Monaten verurteilt. Ich wurde dieses Mal ebenfalls zu einer Freiheitsstrafe verurteilt, bei mir sollte es ein Jahr sein. Beide Strafen wurden zur Bewährung ausgesetzt.

Wir beantragten die Revision vor dem Oberlandesgericht der Domstadt am Rhein. Bei der Revision werden keine Zeugen vernommen, die Schuldfrage wird dabei nicht neu verhandelt. Der Senat des Oberlandesgerichtes prüft lediglich die rechtliche Richtigkeit des Urteils. Geprüft wird, ob der Richter zu Recht befunden hat, oder ob er vielleicht etwas übersehen oder falsch gemacht hat, und dadurch zu einem Fehlurteil gekommen ist.

Eine ungewisse Zeit stand mir bevor, die Chance, dass eine Revision zugelassen wird, ist verhältnismäßig gering. Wenn sie dann zugelassen wird, heißt dies noch lange nicht, dass sie zum Erfolg führt. Ein Senat aus drei Richtern und der General- oder Bundesstaatsanwalt entscheiden darüber. Welcher Richter sagt schon gerne, dass ein Kollege einen Fehler gemacht hat.

Das folgende Jahr wurde so turbulent, dass ich gar keine Zeit hatte an den Prozess zu denken.

2017 - ein Jahr wie ein Alptraum, mit einigen Déjàvu's.

Okay, nun der Reihe nach, wir gehen ein paar Monate zurück und sind im Herbst *2016.* Ich hatte immer so ein Gefühl, dass irgendetwas noch nicht stimmte, irgendetwas musst du noch verändern. Wie es das Schicksal so wollte, sprach mich ein ehemaliger Kollege, mit dem ich zusammen meine Ausbildung gemacht hatte, an. Wir kamen ins Gespräch und er fragte mich, ob ich nicht Lust hätte wieder zurück zu meiner alten Versicherung zu wechseln?

Ich dachte mir, okay, anhören kannst du's dir ja mal. Bei der Gesellschaft, für die ich zu der Zeit vermittelte, war ich nicht mehr zufrieden. Die Gesellschaft hatte angekündigt, dass die Strukturen der Agenturen verändert werden sollten. Kleine Agenturen sollten in den nächsten Jahren zusammengelegt werden. Dies wollte ich, aus den bekannten Gründen, auf keinen Fall. Es ging nicht wirklich weiter, also war ich bereit für Verhandlungen. Beim ersten Gespräch mit der Gesellschaft sprachen wir über die Möglichkeiten der Zusammenarbeit. Die Unternehmensstrukturen wurden erläutert. Die Verhandlungen waren anstrengend, aber wir konnten uns auf einen gemeinsamen Nenner einigen.

Trotz meiner jahrelangen Berufserfahrung musste ich mich den Aufnahmeprüfungen stellen und alle vorgeschriebenen Tests absolvieren. Die Aufnahmetests konnte ich mit sehr zufriedenstellendem Ergebnis bestehen.

Ich wechselte im Frühjahr des Jahres *2017* zurück zu der Gesellschaft, die mich ausgebildet hatte.
Die Anforderungen an die Vermittler der Branche wurden mit der Zeit immer größer.

Somit musste ich im Februar des Jahres *2017*, nach sehr langer Zeit, noch mal eine Prüfung vor der Industrie und Handelskammer der Domstadt am Rhein ablegen.

Die Prüfung zum Immobiliardarlehnsvermittler war nicht einfach. Die Qualifikation benötigte ich, um meinen Kunden eine vollumfängliche und fundierte Beratung anbieten zu können. Leichter gesagt als getan. Die Vorbereitungszeit war schwierig, und es kam die Endphase des Kampfes meines Schwagers gegen den Krebs dazu.

Drei Wochen vor der Prüfung hatte mein Schwager den Kampf gegen den Krebs verloren. Wir waren am Tage des Todes vor Ort im Spreewald. Sechs Tage vor der Prüfung fuhren wir zur Beisetzung. Dass meine Gedanken in dieser Zeit nicht bei der Prüfung waren, kann sich jeder denken.

Auf der Heimfahrt wurde mir auf der Autobahn Höhe Hamm schlecht, und ich bekam starke Herzrhythmusstörungen. Die hielten mehrere Minuten an. Wir fuhren auf einen Autohof an der Autobahn. Ich ging auf die Toilette und machte mich ein wenig frisch, es wurde nicht besser. Ich gab die Suche nach dem nächstgelegenen Krankenhaus ins Navigationssystem ein.

-- Déjàvu! --

Das Krankenhaus lag nur zehn Kilometer vom Autohof entfernt. Der Arzt untersuchte mich, konnte aber nichts feststellen. Es war wohl in den letzten Wochen selbst für mich zu viel Anspannung und Stress gewesen.

Auf der weiteren Fahrt hatte ich keine Probleme mehr. Ich begab mich in der folgenden Woche zur Untersuchung bei meinem Arzt. Wir besprachen die Situation. Da Herzrhythmusstörungen sehr spontan auftreten, und somit auf einem normalen EKG schwer zu sehen sind, entschieden wir uns für ein Langzeit EKG, um diese besser beurteilen zu können.

Das Langzeit-EKG trägt man 24 Stunden und erhöht damit die Trefferzahl erheblich. Unter Stress können die Störungen vermehrt auftreten.

Die Prüfung zum Immobiliardarlehnsvermittler fand am Karnevalsfreitag in der Domstadt am Rhein statt. Ich wurde am Donnerstagnachmittag verkabelt. Der Arzt sagte:

„Wenn es Ausschläge geben soll, ist eine Prüfungssituation nahezu optimal zur Aufzeichnung".

So bin ich an diesem Freitag inklusive EKG-Verkabelung mit meinem Kollegen zusammen zur Prüfung gefahren.

Wir bestanden beide.

Die Auswertung des EKG´s ergab einige Extrasystolen, aber nichts was behandelt werden musste.

Okay, dachte ich mir, es geht weiter, immer weiter.

Im Frühjahr des selben Jahres wurde die damalige Frau meines Bruders 50. Eine Feier stand an, nichts Großes. Es sollte einen Brunch mit der Familie und den Nachbarn an diesem Tag geben. Es war ein Dienstag.

Diese Woche und auch die folgenden Wochen werde ich wohl mein Leben lang nicht mehr vergessen.

Sonntags ist meine Schwägerin aus dem Spreewald angereist. Sie war auch eingeladen. Aufgrund dessen, dass meine Schwägerin wegen der Entfernung nicht so oft zu uns kommt, wollte meine Tochter mit ihrem Sohnemann am Montagnachmittag ebenfalls schon zu uns kommen. Sie wollte natürlich auch am Dienstag an der Feier teilnehmen.
   Am Montagnachmittag erreichte uns ein Anruf, ein Hilferuf unserer Tochter. Sie war total durch den Wind, und total verstört am Telefon, meine Frau schaute mich panisch an. Sie sagte: „Wir müssen sofort unser Kind da wegholen". Ich verstand nichts, wusste nicht was sie von mir wollte. Ohne weitere Fragen fuhren wir direkt los.
   Im Auto erzählte meine Frau mir vom Telefonat. Unsere Tochter und ihr Lebensgefährte hatten eine Wohnung im dritten Stock. Als wir bei ihr ankamen, stand meine Tochter, mit ihrem Sohn auf dem Arm, übers Geländer gelehnt auf dem Balkon im dritten Stock. Sie telefonierte mit meiner Schwägerin, die bei uns zu Hause geblieben war. Sie rief von oben zu meiner Frau:
   „Hier, Tante Heidi ist am Telefon, sprich du mit ihr". In dem Moment warf sie das Telefon zu meiner Frau herunter. Sie war so voll gepumpt mit irgendwelchen Substanzen, sie hätte genauso gut den Kleinen runter werfen können, aber daran wollte ich in dem Moment gar nicht denken.

Wir sind sofort die Treppen hoch gestürmt, Adrenalin schoss durch meinen Körper, ich machte mich auf das Schlimmste gefasst! Der Freund unsere Tochter saß wie ein jämmerlicher Lappen heulend im Treppenhaus. Der war auch total durch den Wind und mit Drogen vollgepumpt. Jammerte:

„Die dreht komplett durch, so schlimm war es noch nie mit ihr". Ich bedachte ihn mit einem kurzen Blick und sagte:

„Halt deine blöde Fresse, sonst stopfe ich sie dir". Zeitgleich hämmerte ich an der Tür.

Meine Tochter sagte: „Ich mach nicht auf, ich mache nicht auf, solange Rolf da draußen ist". „Ich lasse ihn nicht mehr rein". Ich sagte: „Kind, ich bin's, mach die Tür auf, um Rolf brauchst du dir keine Sorgen zu machen".

Die Tür ging auf, der Kleine weinte auf ihrem Arm. Die Wohnung sah aus, als hätten Wilde dort gewütet. Ein Bild, schwer zu beschreiben. Ich hatte bis dato schon einiges im Leben gesehen, dies aber konnte alles andere noch toppen. Überall, egal wo man hinschaute, lag Kleidung, alles war durcheinander. Meine Tochter war dabei komplett hektisch irgendwelche Sachen zu packen. Sie wollte einfach nur so schnell es ging weg. Sie war vollgepumpt mit Drogen, sie war paranoid. An diesem Tag stieß sie Laute aus, die man nur schwer einem Menschen zuordnen kann. Meine Frau stand wortlos da, sie konnte nicht glauben und verstehen was sie sah.

Fluchtartig haben wir mit unserer Tochter, ihrem Sohn und den nötigsten Sachen, die Wohnung verlassen. Meine Frau hatte noch die Eingebung das Auto meiner Tochter mitzunehmen. Sie ist mit unserer Tochter zusammen vor mir hergefahren, unser kleiner Enkelsohn saß bei mir hinten im Auto. Fahrtstrecke gute 30 Kilometer inklusive Autobahn. Ich fuhr wie gesagt hinter meiner Frau her, versuchte unserem Enkelkind eine Geschichte zu erzählen, damit es keine Angst mehr hatte. Auf der Autobahn sah ich plötzlich, dass meine Frau extrem nach rechts ausscherte, und dachte in dem Moment, was ist jetzt passiert?

Wie ich später von meiner Frau erfuhr, hatte meine Tochter das Gefühl, es wäre jemand auf sie zugekommen, sie griff meiner Frau bei voller Fahrt ins Lenkrad. Meine Frau konnte den Wagen noch rechtzeitig abfangen.

Beide hätten an diesem beschissenen Tag sterben können!

Nach einer gefühlten Ewigkeit endlich zu Hause angekommen, mussten wir erst einmal unsere Tochter beruhigen. Sie war total aufgedreht, kaum zu beruhigen, hat sehr viel wirres Zeug geredet.

Am nächsten Morgen, nach einer kurzen sehr aufwühlenden Nacht, haben wir zusammen überlegt ob wir überhaupt zum Geburtstag gehen sollten.

Ich rief meinen Bruder an, schilderte die Kurzversion des Abends und sagte, dass wir kommen, aber ich konnte nicht versprechen, dass wir lange bleiben würden.

Es ging meiner Tochter morgens schon erheblich besser, so ein Rausch dauert nicht lange. Wir sind dann alle zusammen zum Brunch meiner damaligen Schwägerin gefahren. Zum Feiern war uns nach dem Abend nicht zu Mute, ich wollte aber meinen Bruder nicht hängen lassen.

Bei meinem Bruder angekommen habe ich ihn noch kurz informiert, dass wir wahrscheinlich nicht sehr lange bleiben würden. Er hatte vollstes Verständnis.

Ich sagte ihm, dass ich meine Tochter nicht aus den Augen lassen kann. Wie am Abend zuvor hatte ich sie noch nie erlebt, dass machte mir Angst. Nach einer Stunde wollte meine Tochter unbedingt nach Hause und bat mich, dass ich sie nach Hause bringe. Auf keinen Fall hätte ich sie in dieser Situation alleine gelassen, meine Sorge war zu groß, dass sie einfach etwas dummes macht. Ich bin mit ihr nach Hause gefahren. Meine Frau, der Kleine und meine Schwägerin sind noch eine Stunde länger geblieben. Sie konnten aber auch an nichts anderes denken, und hatten keine Lust mehr noch dort zu bleiben. Zu Hause angekommen hat sich meine Tochter ins Bett gelegt und geschlafen.

Im weitesten Sinne kommt der Begriff, seinen Rausch ausschlafen aus der Drogenscene. Der Körper ist unter dem Stoff so unter Strom, dass der Mensch am Tag danach viel Ruhe braucht.

Derweil musste ich mich mit dem Lebensgefährten auseinandersetzen, der hatte mittlerweile mit dem Telefon Sturm geklingelt, und drehte komplett am Rad. Er wollte unbedingt mit meiner Tochter sprechen, wollte dass sie zurückkommt, schließlich wäre alles ja nicht so schlimm. Er meinte noch, meine Tochter würde öfters abdrehen und so weiter. Er gab meiner Tochter für alles die Schuld, ich habe irgendwann nicht mehr zugehört und den Hörer aufgelegt.

Wir haben in den nächsten Tagen überlegt wie es weitergeht, meine Tochter hat eingesehen, dass es so nicht mehr weitergehen kann! Habe einige Telefonate geführt, und versucht meiner Tochter zu helfen. Sie konnte tatsächlich in eine Klinik in der kaiserlichen Domstadt eingewiesen werden. Am nächsten Tag haben wir unsere Tochter in diese Klinik gebracht.

Zwischenzeitlich nervte mich ihr Freund ständig per Telefon. Er wollte unbedingt, dass ich seinen Sohn nach Hause bringen sollte. Nachdem, was unsere Tochter uns alles erzählt hatte, kam dies auf gar keinen Fall in Frage. Meine Tochter bat uns, ihren Sohn auf keinen Fall zu ihm zu bringen.

Nach einer Woche durften wir unsere Tochter besuchen, wir hatten auch den Kleinen dabei, sind durch die Stadt spaziert und waren Eis essen. Und auch da hatte ich schon wieder ein komisches Gefühl. Mit meinem Gefühl in Bezug auf meine Tochter hatte ich leider wie immer recht, und es sollte sich an diesem Samstag leider auch bewahrheiten.

Am folgenden Montagmorgen rief mich meine Tochter an und wollte wissen, was ich gerade mache.

„Ich bin im Büro" sagte ich und fragte:

„Was ist los? Ein bisschen aufgeregt sagte sie:

„Du musst mich abholen kommen, man hat mich hier einfach rausgeschmissen, ich habe aber gar nichts gemacht".

Im Auto, auf dem Weg in die kaiserliche Domstadt, ging mir einiges durch den Kopf. Was war passiert, was hatte sie angestellt, ist sie rückfällig geworden? In der Klinik angekommen habe ich zuerst mit meiner Tochter gesprochen. Natürlich wollte ich auch vom Arzt wissen was da los ist, warum meine Tochter nach Hause soll? Wir wurden in ein Büro geführt, der Arzt und die Stationsleiterin meinten zu meiner Tochter: „Erzählen sie doch ihrem Vater mal was passiert ist"! Sie brachte aber mal wieder kein Wort heraus, wie immer in solchen Situationen.

Die Stationsleiterin dagegen führte aus: Es habe wohl mehrere Zwischenfälle in der letzten Woche gegeben. Meine Tochter hatte einen Pfleger beschuldigt, dass er sie sexuell belästigt hätte. Die Polizei hatte die Anzeige meiner Tochter aufgenommen. Der noch recht junge Pfleger war mit sofortiger Wirkung suspendiert worden. Meine Tochter, und ein neuer russischer Freund aus der Klinik, sind auch noch mit Drogen erwischt worden, dies hat das Fass dann zum Überlaufen gebracht.

Ich bin nicht schnell sprachlos, aber diesmal fehlten selbst mir die Worte. Auf der Heimfahrt haben wir beide geschwiegen. Zu Hause wurde dann überlegt, wie kann's weitergehen? Einfach unsere Tochter sich selbst überlassen? Nein, das konnten wir nicht.

Ich habe dann einen mir persönlich bekannten Klinikleiter aus einem anderen Krankenhaus angerufen, und gefragt, ob er vielleicht ein Intensivbett frei hat, er musste leider verneinen und sagte: „Wir haben momentan keine Kapazitäten frei, wir haben keine Möglichkeit sie aufzunehmen". Sicher war nur, so kann es nicht mehr weiter gehen! Wir haben es aber mit Hilfe dieses Klinikleiters geschafft, unsere Tochter in ein Therapiezentrum in der Nähe einzuweisen.

Das, was ich jetzt schreibe, fällt mir sehr schwer. Wiedermal musste unsere Tochter in eine geschlossene Station. Noch schlimmer als vor Jahren im Ruhrgebiet. In dieser geschlossenen Station waren, jetzt muss ich leider ein Wort benutzen, welches für die Beschreibung eines Menschen nicht schön ist, nur komplett gestörte Menschen.

Mittendrin unsere kleine zierliche Tochter.

Man kann sich nicht annähernd vorstellen, was es für eine Familie heißt, ihr Kind in eine solche Anstalt stecken zu müssen. Nach zwei Tagen durften wir sie kurz besuchen.

Einen Tag später kam sie auf eine neue Station, zwar auch noch geschlossen, aber nicht mehr ganz so schlimm.

Mittlerweile waren über vierzehn Tage vergangen. Die Anrufe des Freundes unserer Tochter nervten immer mehr. Ich war drauf und dran zu ihm zu fahren, und ihn mir mal beiseite zu nehmen. Ich denke, ich kann es meiner geliebten Frau verdanken, dass ich nicht hin gefahren bin. Sie sagte immer: „Lass dich von ihm nicht provozieren".

Meine Tochter hatte uns Dinge erzählt, die kann ich hier nicht wiedergeben, weit jenseits der menschlichen Vorstellungskraft.

Natürlich war meine Tochter nicht an allem unschuldig, er versuchte aber meine Tochter ständig schlecht zu machen und ihr die Schuld für alles zugeben. Wer so wie dieser Mensch über seine „Frau" spricht und seinen Sohn behandelt, bzw. vernachlässigt, der hat in meinen Augen keine Familie verdient. Ich glaube wirklich, wenn meine Frau mich nicht davon abgehalten hätte, wäre ich zu ihm gefahren. Die Tochter so leiden zu sehen ist schon schwer genug, dazu noch die Beschuldigungen auszuhalten war eine der größten Herausforderungen für mich. Wie schon mal gesagt: Ich bin ein friedfertiger Mensch, aber wenn eine Grenze immer wieder überschritten wird, kann ich auch anders. Wäre ich in dieser Zeit zu ihm gefahren, hätte ich für nichts garantieren können.

Nach ein paar Tagen in der Klinik wurde es so langsam etwas besser mit der Tochter. Das Gefühl, dass die Therapie anschlagen würde, wurde größer. Es war ein langer Weg bis es so richtig angeschlagen hat. Mehrere Wochen hat es gedauert, bevor sie das erste Mal wieder für ein - zwei Stunden nach Hause durfte. Sie hatte in dieser Zeit auch nicht wirklich eine Beziehung zu ihrem Kind aufbauen können.

Unser Enkelsohn war bei uns in Obhut, das Jugendamt hatte dies verfügt. Wir hatten ein Zimmer für unseren Enkel und ein Zimmer für unsere Tochter eingerichtet. Durch eine Bekannte konnte ich einen Kindergartenplatz bei uns in der Stadt für unseren Enkel bekommen. Für meine Tochter war es sicher auch nicht leicht in dieser Zeit.

Ihr Freund, der Vater des Kindes, klagte auf ein Besuchsrecht beim Jugendamt. Er hat meiner Tochter die ganze Schuld gegeben. Er sei ja clean, er hätte auch kein Drogenproblem, das Problem wäre unsere Tochter. Und natürlich

ich, der meine Tochter so beeinflussen würde, dass sie ihn seinen Sohn nicht sehen lassen wollte. Er bekam vom Jugendamt ein begleitendes Besuchsrecht zugesprochen.

Beim Jugendamt hatten meine Tochter und ich, ein paar Wochen zuvor, als wir zur Besprechung im Amt waren, ein trauriges Erlebnis. Meine Tochter schilderte den jungen Damen des Jugendamtes ihre Situation. Auch dass der Vater, wenn er manchmal mit dem Kind allein war, auf dem Balkon kiffen würde. Ihr Sohn würde dann allein im Wohnzimmer bleiben müssen.

Die Dame vom Jugendamt meinte daraufhin, ab und zu mal zu kiffen, das wäre doch kein Problem. Mir platzte bei dieser Aussage der Kragen. Ich ging zu einem Bekannten, einem direkten Mitarbeiter des Bürgermeisters und bat ihn kurz mitzukommen. Ich ließ der jungen Dame die zuvor getätigte Äußerung wiederholen.

Der Bekannte rief daraufhin die Leiterin des Jugendamtes. Die junge Kollegin wurde abgemahnt. Es ist nicht zu glauben, in solchen Positionen sitzen junge Mädels, die von Erziehung und Kindern keine Ahnung haben.

Bei einem begleiteten Treffen ist immer ein Mitarbeiter des Jugendamtes dabei. Das Jugendamt hat für diese Zwecke mehrere Wohnungen und Häuser angemietet. Ich musste mit meinem Enkel ab dann immer freitagnachmittags zu diesem Haus in die Stadt fahren.

Zwei Stunden begleitendes Besuchsrecht pro Woche hatte der Vater zugesprochen bekommen. Der Kleine war natürlich verwirrt, und musste sich erstmal an diese Situation gewöhnen. Für einen Dreijährigen sicherlich nicht einfach dies alles zu verstehen.

Ihr könnt mir glauben, in meinen schlimmsten Alpträumen hatte ich mir diese Situation nicht vorstellen können.

In dieser Zeit hatte der Vater unseres Enkelkindes vor Gericht Klage eingereicht. Er wollte das Besuchsrecht ohne Begleitung und zusätzlich das Sorgerecht für seinen Sohn. Die Begründung der Klage fußte darauf, dass unsere Tochter als drogensüchtige und schlechte Mutter nicht in der Lage sei ihren Sohn zu erziehen. Was soll ich sagen, die Klage wurde zugelassen und es ging vor Gericht. Meiner Meinung nach, war der junge Richter, ich sage jetzt mal vorsichtig ausgedrückt, wahrscheinlich selbst ein Kiffer.

Er hielt von der ersten Minute mehr zu dem Lebensgefährten meiner Tochter. Er hatte sich auch durch den, wahrscheinlich gefälschten, negativen Drogentest des Vaters beeindrucken lassen.

Der Vater hatte seine sonst eher längeren Haare bis auf, ca. drei Millimeter geschoren, das sagte mir schon alles. Der Richter ließ relativ deutlich anklingen, dass, wenn meine Tochter nicht bald gesund werden würde, man überlegen müsste, das Sorgerecht für den Sohnemann auf den Vater zu übertragen.

Wie kann ein Richter eine kranke Frau, die sich freiwillig in Behandlung befindet, so dermaßen unter Druck setzen?

Nach der Gerichtsverhandlung wurde meine Tochter sehr schnell „gesund". Sie hatte Angst, wenn sie noch länger in der Klinik geblieben wäre, was ihr sicherlich gut bekommen wäre, das alleinige Sorgerecht und somit ihr Kind zu verlieren. Dies wollte sie nicht zulassen. Sie wurde zwar noch eine ganze Zeit lang krankgeschrieben, aber es schien ihr wirklich von Tag zu Tag besser zu gehen. Ein paar Wochen später fing sie wieder mit der Eingliederung an. Unsere Tochter konnte wieder halbtags arbeiten.

Zwischenzeitlich wurde das Umgangsrecht durch das Jugendamt erweitert. Nun durfte der Vater seinen Sohn alle zwei Wochen übers Wochenende holen. Er kam alle zwei Wochen immer freitags mit seiner Mutter. Einen Führerschein hat er nicht. Den musste er Jahre zuvor wegen Drogen- und Alkoholmissbrauch abgeben. Ein Wiedererlangen der Fahrerlaubnis geht bei ihm nur mit MPU, diese wiederum geht nur, wenn er den Nachweist erbringt mindestens ein halbes Jahr clean zu sein. Tja, so ein Mist, da beißt sich die Katze wohl in den Schwanz.

Die ersten Wochen haben wir den Kleinen übergeben. Irgendwann hat sich unsere Tochter wieder von ihm einlullen lassen und es selber gemacht.

Der Vater des Kindes, anders werde ich ihn nicht mehr nennen, schaffte es, meine Tochter wieder um den Finger zu wickeln. Sie driftete immer weiter von uns ab.

An einem Samstagabend fuhr ich mit meinem Sohn in die kaiserliche Domstadt, unser Ziel:
-- Pussy Terror, Karolin Kebekus live. –
Es war der erste Abend, nach einer verdammt langen Zeit, an dem ich mal komplett abschalten konnte. Die Show war der Hammer, Kebekus in Bestform!

Unsere Tochter brachte den Kleinen mittlerweile, immer mit dem Auto zum Vater, auch an diesem Nachmittag.

Als wir spät in der Nacht nach Hause kamen, war ihr Auto nicht da. Ich weckte meine Frau und fragte ob was passiert wäre. Meine Frau sagte mir, dass unsere Tochter geschrieben hätte, sie würde über Nacht bleiben. In den nächsten Wochen blieb unsere Tochter immer öfter über Nacht weg.

Mir war klar wie das enden würde.

Im Frühjahr *2018* verbrachten wir eine Woche im Spreewald. Als wir zurückkamen hatte meine Frau ein ungutes Gefühl.

Als am nächsten Tag unsere Tochter, die ja noch bei uns wohnte, von der Nachtschicht zurückkam und schlafen ging, schaute meine Frau in ihre Tasche. Dies hatte sie zuvor noch nie getan und auch den Gedanken daran noch nie gehabt. Sie wurde fündig! Amphetamine, Ziehröhrchen, und alles was man so braucht. Ein paar Wochen vorher hatte ich schon eine Veränderung bei unserer Tochter bemerkt, und sprach mit meiner Frau darüber. Gleiche Antwort wie immer, wenn ich so etwas in den Raum stellte. Sie wollte wie immer nichts davon wissen.

Nach dem Fund in der Tasche war klar, unsere Tochter war rückfällig geworden. Und jetzt, was sollten wir tun? In diesem Moment waren wir einer Meinung. Wir haben ihr mittags sehr konsequent deutlich gemacht, dass wir dies nicht dulden würden, und dieses Drama des vergangenen Jahres nicht noch mal mitmachen wollten. Wir teilten ihr mit: Wenn sie weiterhin Drogen nimmt, könnte sie hier nicht mehr wohnen.

Am gleichen Tag ist sie mit fliegenden Fahnen ausgezogen.

Uns war mal wieder bewusst wie wertlos all unsere Bemühungen waren, es war wie ein Schlag ins tiefste Mark. Eine Woche später holte sie mit dem Menschen, der sie knapp ein Jahr zuvor vors Gericht gezerrt hatte, und ihr, wenn er gekonnt hätte, den Sohn weggenommen hätte, ihre Sachen ab.

Wieder einmal war ich nur noch sprachlos!

Es ging so weit, dass die Beiden uns den Kontakt zu unserem Enkelkind komplett verwehrten. Wir durften unseren Enkelsohn nicht mehr sehen. Dies hatte mir der Vater unseres Enkelkindes schon im Flur bei der Gerichtsverhandlung angedroht. Seine Worte waren damals:

„Ich hole mir meine Verlobte sowieso zurück, und meinen Sohn wirst du nicht mehr sehen".

Fast ein dreiviertel Jahr durften wir unser geliebtes Enkelkind nicht sehen. Diese Zeit war sehr grausam wenn man bedenkt, dass er zuvor fast ein Jahr bei uns gewohnt hatte. Wir hatten uns um alles gekümmert, einen Kindergartenplatz gefunden, wir hatten uns alle sehr aneinander gewöhnt. Wir hatten sehr viel Zeit darin investiert, damit es unserem Enkel, und natürlich auch unserer Tochter, gut geht. Ich brachte den Kleinen in den ersten Monaten, in denen er bei uns wohnte, jeden Tag in den Kindergarten. Danach fuhr ich ins Büro und musste, da der kleine Mann zu Beginn nur einen halben Tag dort sein konnte, um 12:00 Uhr mittags wieder im Kindergarten sein. Nachmittags ging es für mich wieder ins Büro. In diesem Jahr war der Job so stressig, dass ich die Mehrbelastung gar nicht wahrgenommen habe. Das habe ich alles so gerne gemacht. Manchmal ist der Kleine auch mit ins Büro gekommen, dort spielte er an diesen Tagen immer mit meiner Sekretärin.

So ist das Leben, man muss es annehmen wie es kommt. Man muss leider die Taten der Menschen so nehmen, wie sie passieren. Mitte des Jahres wollte unsere Tochter wieder Kontakt zu meiner Frau, aber nur zu meiner Frau. Unsere Antwort:

„So nicht Fräulein! Entweder entschuldigst du dich ordentlich, oder es ändert sich nichts an der Situation, denn wir sind eine Familie".

Es dauerte bis Ende des Jahres *2018*, da meldete sich unsere Tochter plötzlich bei meiner Frau.

Meine erste Reaktion war genau wie *2013*: Sie wird wohl schwanger sein, sie braucht unsere Hilfe.

Siehe da, sie war zum zweiten Mal schwanger.

Welch ein Instinkt doch in mir schlummert, ich könnte ja fast als Hellseher arbeiten.

Ein zweites Kind.
Eine zweite Chance.
Eine neue Hoffnung

Momentan ist die Lage recht entspannt, wir haben wieder engen Kontakt zu unserer Tochter, und ihr geht es sehr gut. Die Elternzeit ist fast vorbei, und danach wird sie wieder arbeiten gehen, die Kleine geht in den Kindergarten, und der Große geht schon in die Schule. Alles scheint in Ordnung zu sein, sie besucht uns regelmäßig mit den Kindern, die Kids haben immer eine Menge Spaß, wenn sie bei uns sind, und wir natürlich auch.

Es ist schön, wenn man seine Enkelkinder aufwachsen sieht, vor allem aber sieht man wie schnell die Zeit vergeht. Die gemeinsame Zeit mit der Familie und mit Freunden ist wohl das Kostbarste, was es auf dieser Welt gibt, denn keiner weiß wieviel Zeit wir noch zusammen haben.

Meinem Sohn geht es auch sehr gut, er wohnt noch bei uns und macht bei mir im Betrieb die Ausbildung zum Versicherungskaufmann. Die Zwischenprüfung hat er mit ordentlichen Noten bestanden, nun fehlt nur noch die Abschlussprüfung. Ich bin mir sicher, er wird seinen Weg im Leben gehen und immer das tun, was ihm am meisten gefällt.

Zwischenzeitlich, also nach dem Fachabitur und vor der Ausbildung, hat er in einer Kneipe gearbeitet. Im vergangenen Jahr wurde er von einem betrunkenen Gast angegriffen und mit einem Glas schwer am Arm verletzt, er musste ins Krankenhaus und die Schnittwunde wurde genäht

Der Gast wurde vor Gericht wegen gefährlicher Körperverletzung verurteilt, momentan läuft der Zivilprozess. Ich habe meinen Sohn zur Verhandlung in die kaiserliche Domstadt begleitet. Nachdem wir das Auto geparkt hatten, sind wir zu Fuß Richtung Gericht gegangen. Kurz vor dem Gebäude wurde mir schlecht und schwindelig, ich musste mich abstützen. Der Gedanke, dieses Gebäude wieder zu betreten, hatte eine kurze Panik in mir ausgelöst. Zwei Minuten später war ich wieder in der Lage weiter zu gehen.

Wie schon gesagt, der Täter wurde verurteilt, und ich bin froh mich dieser Situation gestellt zu haben.

Im Jahr *2018* beschäftigte mich, zu dieser ganzen Misere, zusätzlich noch die nächste Steueraußenprüfung durch das Finanzamt. Wir hatten natürlich nach der 2. Prüfung die folgenden Jahre nach Vorgabe des Finanzamtes korrigiert, aber das war dem Finanzamt nicht genug. Ich hatte dadurch, in den Jahren nach der Prüfung, schon einiges mehr zahlen müssen. Das Prinzip einer Prüfung ist immer gleich: Sie stellen alles auf den Kopf, bis sie etwas finden, was sie beanstanden können. Trotz der steuertechnisch schon anders deklarierten Einnahmen musste ich nochmals eine fünfstellige Summe nachzahlen.

Nun wurden vom Finanzamt einige Einkaufsrechnungen nicht anerkannt, es wurden Gewinne aufgrund irgendwelcher Tabellen erhöht. Zur Umsatzsteuer kam diesmal auch noch eine Erhöhung der Einkommenssteuer in den geprüften Jahren dazu. Und so weiter und so weiter.

Zusammen gerechnet zahlte ich in den Jahren nach der Prüfung *2018* somit noch mehr als im Jahr *2015*. Das brachte mich ehrlich gesagt an den Rand meiner finanziellen Möglichkeiten. Die Verhandlungen mit den Banken waren sehr schwierig, und ich konnte nur durch meinen Bruder schlimmeres verhindern. Er hatte mir mit einem Privatkredit geholfen.

Ich stand vor dem Ruin, aber zu dem Zeitpunkt war aufgeben keine Option, also wie schon immer in meinem Leben:

-- Immer weiter, immer weiter.--

Doch ich dachte mir damals, irgendwie kommst du schon aus dieser Misere wieder raus. Ehrlich gesagt, es belastet mich finanziell bis heute. Die Kredite bei den Banken sind fast zurückgezahlt, aber ich habe immer noch ein Päckchen zu tragen. Meine Landwirtschaft war somit fast lückenlos geprüft worden und man versprach mir, da ich mittlerweile *2016* meinen Betrieb aufgegeben hatte, dass ich für *2016* mit keiner weiteren Prüfung rechnen müsste. Alles ordnungsgemäß eingereicht, die Steuererklärung abgegeben und für *2016* kam dann der Steuerbescheid, allerdings auch mit einer Nachzahlung. Die hielt sich aber in Grenzen. Auf dem Steuerbescheid steht, dass er nicht nur vorläufig ist, d.h. wahrscheinlich wird es keine Steuerprüfung für das Jahr *2016* mehr geben, aber sicher weiß man es nicht.

Im Verlaufe des Jahres wurde nun auch die Revision im Strafprozess vom Oberlandesgericht der Domstadt am Rhein zugelassen. Für die Revision gibt es spezielle Anwälte, diese Anwälte haben sich darauf spezialisiert die Verfahrensfehler der Richter im Urteil zu finden.

Mein Anwalt besorgte mir einen Kollegen aus der Spreestadt. Die Revisionsbeauftragung kostete eine fünfstellige Summe, welche zur Hälfte vor Beginn gezahlt werden musste. Dies übernimmt leider keine Versicherung.

Der Anwalt hatte sehr gute Arbeit geleistet, er begründete die Revision auf einem zehnseitigen Antrag mit einigen Punkten, die der Richter des Landgerichtes falsch, bzw. nicht richtig beurteilt hatte.

Der Senat des Oberlandesgerichtes und sogar der Bundesgeneralstaatsanwalt entschieden, aufgrund mehrerer Verfahrensfehler einstimmig, dass das Urteil aufgehoben werden müsste. Wir hatten somit erneut die Chance unsere Unschuld zu beweisen.

Wobei dies ja so nicht ganz richtig ist. In einem Rechtsstaat, in dem wir leben, gilt die Unschuldsvermutung, das heißt, der Staatsanwalt muss die Schuld nachweisen. Wie man in den beiden Verhandlungen zuvor gesehen hatte, wurde dies nicht immer angewandt.

Da die Staatsanwaltschaft ja gegen das erste Urteil am Amtsgericht Berufung eingelegt hatte, musste die Anklage nun in einem komplett neuen Verfahren vom Landgericht durch einen neuen Senat verhandelt werden.

Alles zurück auf den Anfang.

Im Mai des Jahres *2018* sollte erneut die Hauptverhandlung im Landgericht stattfinden, die Termine standen fest und waren uns schon mitgeteilt worden. Im April dann die überraschende Absage mit der Begründung:

„Es müssen noch weitreichendere Ermittlungen angestrebt werden, diese würden einiges an Zeit in Anspruch nehmen". Die neuen Termine würden nach Abschluss dieser Ermittlungen bekannt gegeben. Was kommt jetzt noch, war mein erster Gedanke.

Mein Adrenalinspiegel war konstant auf hohem Niveau.

Mitte des Jahres rief mich meine Frau im Büro an, und sagte: „Hier sind zwei Männer von der Landwirtschaftskammer an der Türe, die wollen wissen wo und wie wir unsere Kartoffeln lagern". Ich fragte: „Was wollen die?" Meine Frau antwortete: „Ich gebe einem der Männer das Telefon, sprich bitte selber mit ihm". Sie gab einem das Telefon und ich sprach mit ihm.

Es waren Kontrolleure der Kammer, die wollten meinen Betrieb prüfen. Ich erklärte dem Herrn am Telefon, dass sie leider über ein Jahr zu spät seien, dass ich meinen Betrieb Ende des Jahres 2016 abgemeldet habe. Ich führte weiter aus, dass ich ihm gerne am morgigen Tage die Gewerbeabmeldung per Mail schicken könnte, wenn er mir nicht glauben würde, ich sagte auch, er solle seine Hausaufgaben in Zukunft besser machen, bevor er Leute belästigt.

Die Abmeldung brauchte ich nicht mehr nachzureichen, ich glaube ich war am Telefon recht deutlich.

Einen Monat später kam dann die nächste Prüfungsankündigung, dieses Mal von der Rentenversicherung. Seit Januar des Jahres *2018* müssen Arbeitgeber die Stundenlisten der Angestellten zwecks einer Überprüfung bereithalten. Ich, mit meinem riesengroßen Betrieb und den hunderten Angestellten, wurde erneut von einer Behörde geprüft! Nicht zu glauben, denn zu diesem Zeitpunkt hatte ich lediglich zwei Minijobkräfte beschäftigt. Die Prüfung verlief ohne Beanstandung.

Daraus schließen wir: Wenn man einmal im Fadenkreuz der Staatsmacht ist, zieht dieser alle Register um einem Betrieb zu schaden. Traurige Realität.

Wir müssen nochmal einen Sprung ins Jahr 2017 machen

Wie schon im Jahr *2008*, waren auch die Jahre *2017* und *2018* aus beruflicher Sicht für mich extrem erfolgreich.

Unter emotionalem Stress stürze ich mich in die Arbeit, wahrscheinlich um mich von den bestehenden Problemen abzulenken.

So konnte ich im Jahr *2017* gleich bei zwei Verkaufswettbewerben gewinnen und mich unter die besten zehn Verkäufer in Nord-Rhein-Westfalen einreihen.

Die Gewinner des ersten Wettbewerbes wurden dann im Jahr *2018* in die Domstadt am Rhein zu einer der begehrtesten Karnevalssitzungen in Köln eingeladen. Die Sitzung fand im Kölner Sartory-Saal statt und ist in der Regel über Jahre ausgebucht. Für Verpflegung und Übernachtung in einem Top Hotel der Stadt wurde auch gesorgt.

Bei dem zweiten Wettbewerb wurden wir Gewinner, auch hier waren es die zehn besten Verkäufer NRW's, im Jahr *2018* zu einem Helene Fischer Konzert ins Ruhrgebiet eingeladen. Wir hatten VIP-Plätze direkt an der Bühne, und es war ein unvergesslicher Abend. Über den „Schlager" kann man sagen was man will, und jeder hat seine Meinung dazu, aber eine echte „Schlagerqueen" hautnah zu erleben, das ist schon etwas Besonderes.

Das Jahr *2018* wurde dann ebenfalls beruflich sehr erfolgreich. Ich wurde im Februar des Jahres *2019* vom Vorstand des Konzerns zur Hauptverwaltung eingeladen.

Bei einem deutschlandweiten, auf zwei Jahre angelegten Wettbewerb für Neugründeragenturen, konnte ich mich als Viertbester in die Gewinnerliste eintragen.

Zu Beginn der exklusiven Veranstaltung gab es in der Hauptstadt ein gemeinsames Abendessen der zehn Gewinner mit zwei Mitgliedern des Vorstandes. Am nächsten Morgen, nach dem Frühstück, stand eine Führung durch die Zentrale auf dem Programm, anschließend wurde zusammen Mittag gegessen.

Nachmittags konnten wir bei einer lockeren Talkrunde unsere Fragen an den Vorstand stellen. Zum frühen Abend ging es dann wieder Richtung Heimat.

2019 – Zum Schluss wird alles gut, oder?

Seit Beginn des Jahres bereitete ich mich auf die nächste Prüfung der IHK vor.

Die Prüfung zum Finanzanlagenfachmann musste ich ebenso, wie schon die Prüfung im Jahr *2017*, ablegen, um meine Kunden vollumfänglich beraten zu dürfen.

Die Anforderungen der Branche wachsen stetig; wenn man alle Bereiche des Finanzsektors in seiner Beratung anbieten möchte, muss man sich regelmäßig den Prüfungen stellen um dem gerecht zu werden.

Der Prüfungstermin fiel zwischen den beiden letzten Terminen meiner Gerichtsverhandlung und fand in der Domstadt am Rhein statt. Ich startete gegen sieben Uhr morgens Richtung Köln, meine Gedanken während der Fahrt waren schwer zu ordnen.

Die Verhandlung kostete Nerven, trotzdem musste ich mich auf die Prüfung konzentrieren und an diesem Tag funktionieren.

Ich konnte die Prüfung mit einem guten Ergebnis bestehen.

Wie schon erwähnt kam es zum Jahresbeginn endlich zur Hauptverhandlung des Prozesses beim Landgericht, es wurden sechs Termine anberaumt, und vier neue Zeugen wurden geladen. Die schon bekannten Zeugen sagten im Wesentlichen wieder das Gleiche aus, wie in den Jahren zuvor.

Wir hörten nun im vierten Jahr in Folge zum dritten Mal diese teilweise absurden Behauptungen der „Zeugen", es war schwer zu ertragen. Zum Schluss fehlten nur noch der „Hauptbelastungszeuge" und der Steuerfahnder.

Der Steuerfahnder musste dieses Mal, unter erheblichen Druck des Richters, der es genau wissen wollte, einknicken und bestätigen, dass er nicht mehr genau sagen konnte, welches der Luftbilder er dem Zeugen damals vorgelegt hatte. Dieses machte er nur aus einem einzigen Grund. Hätte er dies nicht gemacht, wäre er der Falschaussage überführt worden. Das hätte ihn wahrscheinlich den Job gekostet.

Da kann man mal sehen, wie weit manche Menschen gehen, nur um jemand Anderem zu schaden. Auch der Hauptbelastungszeuge sagte diesmal etwas anderes aus, er habe den Auftrag, das Feld absichtlich zu zerstören, nicht so direkt bekommen, er habe auch nicht bemerkt, dass er etwas falsch machte, beziehungsweise, dass er etwas beschädigte. Die restlichen absurden Indizien konnten durch unsere Anwälte nun auch vollständig ausgeräumt werden. Durch die nun komplett veränderten Aussagen des Hauptbelastungszeugen konnte nicht mehr ermittelt werden, ob und wann er überhaupt auf irgendeinem Feld mit einem Schlepper unterwegs gewesen ist.

Selbst das Plädoyer des Staatsanwaltes war nicht mehr überzeugend, es folgten die Plädoyers unserer grandiosen Anwälte.

Der Senat zog sich für 2 Stunden zur Besprechung zurück.

Die längsten zwei Stunden in meinem Leben folgten.

Meine Frau hatte mich begleitet, wie auch an den anderen Tagen. Wir sind in diesen Stunden im Park spazieren gegangen. Ich konnte keinen klaren Gedanken fassen, tausend Dinge gingen mir durch den Kopf. Die Zeit wollte nicht verstreichen.

Zurück im Gerichtssaal, die Türe des Richterzimmers öffnete sich. Die Zeit lief wiedermal in meinem Leben ab wie in Zeitlupe. Die Anspannung war in diesem Moment so groß, dass ich die Verkündung des Urteils nur dumpf hörte, der Druck in meinen Ohren war zu heftig.

Der Richter kam zu dem Entschluss, dass es die kompromittierende Aussage des Hauptbelastungszeugen:

„Wenn dich jemand fragt, kannst du dich an nichts erinnern", so nicht gegeben hätte!

Er hielt es für sehr wahrscheinlich, dass die vernehmenden Beamten es dem Zeugen „In den Mund gelegt haben".

Am 21. März wurden wir Beide vollumfänglich aus tatsächlichen Gründen freigesprochen.

Am 1. April bekam ich die Nachricht von meinem Anwalt mit den Worten: „Es ist kein Aprilscherz, sie sind freigesprochen, es wurden keine Rechtsmittel eingelegt"!

Das Martyrium hatte ein Ende.

Der 1. April ist für mich seit dieser Zeit ein ganz besonderer Tag, ein Feiertag.

Das Leben schlug mich ein paarmal nieder,
es zeigte mir Dinge die ich nicht sehen wollte,
ich erlebte Traurigkeit und Misserfolge,
aber eine Sache ist sicher,
ich werde immer wieder aufstehen.
   „Denn du und ich, und auch sonst niemand, kann so hart
zuschlagen wie das Leben, aber der Punkt ist nicht wie hart
jemand zuschlagen kann, es zählt bloß wie viele Schläge man
einstecken kann und trotzdem weitermacht"!

Ich werde weitermachen; Treu nach meinem Motto:

      -- Immer weiter, immer weiter! --

Denn,

Der Himmel erst
ist mein Limit

Danksagung

Mein ganz besonderer Dank gilt meiner lieben Frau, die mit
mir durch Dick und Dünn gegangen ist.
Ohne sie hätte mein Buch nur halb so viele Seiten,
und ohne sie hätte ich einige Abschnitte in meinem Leben
wohl nicht so gemeistert.
Mittlerweile feierten wir Silberhochzeit.

Heute genau vor 25 Jahren, am 22.09.1994, gabst DU mir dein Ja-Wort.
Meine Oma pflegte zu sagen: Alles hat seine Zeit!
Ende der achtziger Jahre war es an der Zeit, ich war auf der Suche, wonach genau weiß ich nicht.
Nach Abenteuer, nach Liebe, nach DER einen Frau ...
Auf der Suche peitschte ich meinen Kobra-Bus quer durch das neue Land bis ich DICH im Kastanienhof fand.
Ich war gerade im Begriff zu gehen, dann trafen sich unsere Blicke und ich blieb stehen.

DU kamst auf mich zu und sprachst mich an, der Blitz schlug ein und ich war in DEINEM Bann.
Das zarte Pflänzchen der Liebe entwickelte sich aus einem Wintertraum zu einem großen
blühenden Baum.

DU zeigtest mir, wie man Billard spielt, wie man beim Darten richtig zielt.
DU bist die bunte Blume auf der grünen Wiese.
DU bist der Sonnenstrahl im dunklen Tal.
DEIN Herz ist groß, DEINE Seele ist rein, man kann DIR nicht lange böse sein.
Auf DICH ist immer Verlass, DU bist die wundervollste Ehefrau, Mutter und Oma der Welt.

Ich möchte Danke sagen, Danke das es DICH in meinem Leben gibt, Danke das DU immer für mich da bist.
Es war immer einfach mit mir, aber einfach kann ja auch jeder.
Mein erstes Buch widme ich DIR, denn DU bist wie der Stoff aus dem die Träume sind,
ohne DICH hätte es nicht mal halb so viele Seiten.

Ich liebe DICH bis zum Mond und noch viel weiter ... Tuen ♥♥♥

Ebenso gilt mein Dank meiner Tochter und meinem Sohn,
die Beiden haben mein Leben interessant und lebenswert gemacht

*Das Leben besteht nämlich nicht aus den Momenten in denen man
atmet, sondern aus den Momenten die dir den Atem rauben.*

Ich bedanke mich bei meinem Bruder und bei meinen Freunden
für die erlebnisreiche schöne Zeit, die wir miteinander verbringen
durften.

Ich hoffe es werden noch viele tolle Jahre folgen.

Zeitfracht Medien GmbH
Ferdinand-Jühlke-Straße 7
99095 Erfurt, Deutschland
produktsicherheit@kolibri360.de